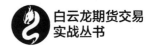

白云龙期货交易
实战丛书

期货短线

量价分析与多空技巧

白云龙 / 著

电子工业出版社

Publishing House of Electronics Industry

北京·BEIJING

内 容 简 介

本书讲解了上百个实例，侧重于介绍期货短线的交易技术，系统地讲解了做期货短线交易应具备的知识、常见的趋势类型，以及如何寻找进场时机、出场时机等。希望读者通过阅读本书能够建立一套属于自己的交易系统，让盈利最大化。

本书非常适合股民、期民、职业操盘手及有意从事金融交易的广大投资者阅读。

图书在版编目（CIP）数据

期货短线：量价分析与多空技巧 / 白云龙著. —北京：电子工业出版社，2021.1

（白云龙期货交易实战丛书）

ISBN 978-7-121-39903-9

Ⅰ. ①期… Ⅱ. ①白… Ⅲ. ①期货交易－基本知识 Ⅳ. ①F830.93

中国版本图书馆 CIP 数据核字（2020）第 214652 号

责任编辑：黄爱萍
印　　刷：三河市双峰印刷装订有限公司
装　　订：三河市双峰印刷装订有限公司
出版发行：电子工业出版社
　　　　　北京市海淀区万寿路 173 信箱　　邮编：100036
开　　本：720×1000　　1/16　　印张：12.75　　字数：200 千字
版　　次：2021 年 1 月第 1 版
印　　次：2024 年 7 月第 11 次印刷
定　　价：69.00 元

凡所购买电子工业出版社图书有缺损问题，请向购买书店调换。若书店售缺，请与本社发行部联系，联系及邮购电话：（010）88254888，88258888。

质量投诉请发邮件至 zlts@phei.com.cn，盗版侵权举报请发邮件至 dbqq@phei.com.cn。

本书咨询联系方式：（010）51260888-819，faq@phei.com.cn。

前　言

　　期货交易技术不是一朝一夕就可以精通的，和其他行业的技能一样，也需要一个从入门到精通的过程。大多数投资者一说到期货，就认为它是一个风险极高的金融投资工具，笔者认为他们只理解对了一半。任何行业，无论是实体经济还是虚拟经济都存在风险，而且在每个行业中都有翘楚。对于期货新手来说，要想做好交易，就要耐心学习进场前的"功课"，掌握期货投资技巧，才能打一场漂亮的"胜仗"。

　　想要在期货市场中长期稳定获利，一定要付出时间和精力来掌握投资技术。期货的投资技术有很多，比如短线技术、长线技术、套利技术、高频交易技术等，把任何技术研究到极致，都可以在市场中盈利。对于期货技术的研究是无止境的，因为市场行情在变，所以投资技术也要根据行情的变化做出调整。

　　笔者编著的《期货日内短线复利密码》（2018 年出版）和《期货大赛冠军资金翻倍技法》（2019 年出版）两本书深受广大期货投资者的喜爱，如今笔者又总结了一些新的期货实战交易技巧，希望能为广大期货投资者带来更多的帮助与启迪。

为回馈广大读者的支持，凡购书的读者可以加笔者助理的 QQ 号或微信号，免费索取资料。资料包括为期货私募团队和期货公司等机构录制的"期货实战现场沙龙"视频、关于 K 线反转形态实战的教学视频、"三金死叉""一箭三雕"行情分析技术指标（技术指标使用方法请咨询笔者助理或见笔者前两本书，读者可永久免费使用），以及本公司团队内部使用的文华软件中 15 个技术指标一个月的使用权。具体的联系方式如下。

微信号：18078848119

QQ 号：798457478 或 1620555064

添加时请注明：读者

扫二维码添加好友索取资料

目　　录

第 1 章

1

期货交易理念

1.1 期货交易之道

　　做任何事情在成功之前都可能经历一些波折，做期货交易也是这样。很多投资者通过期货交易实现了人生的财富梦想，他们的成功之路非常艰辛。从事期货交易的投资者不要特别关注一时的得与失，要把眼光放得长远一些，关注价格运行方向的大趋势，而不是关注盘中波动的几个点。另外，投资者在交易的过程中应该关注交易系统规则的执行，而非账户资金的盈亏。

　　在期货交易中，必要的止损是正常的，但是一定要抓住大行情。成功的期货交易是这样的：在 10 次交易中做错 6 次，结果还能盈利。失败的期货交易是这样的：在 10 次交易中做对 9 次，在最后一次交易中亏损严重，最终整体是亏损的。止损是交易的成本之一，我们在追求高胜算的同时，更应该追求高盈亏比。

期货交易的成功率在 50%左右就已经算很好了，要依靠"小亏大赢"来获得整体的盈利。因此，在期货交易中，胜率并不是最重要的，能够在期货市场上稳定获利最终看的是盈亏比。

期货交易重在取舍，"取"是一种领悟，"舍"更是一种智慧！期货交易的过程就是一个不断取舍的过程，在取舍之间，更能彰显投资者技术与智慧高度融合的水平，如同将科学与艺术相结合，往往会迸发出无穷的魅力。在期货交易中，有两个关键的节点需要投资者进行取舍：一是交易方法的选择，二是交易机会的选择。

市场中的交易方法有很多，比如主观交易、量化交易、趋势策略、震荡策略等，每个方法都有其成功的法门，但所有的方法都只是投资者擅长的工具，不必心存偏见。选择交易方法的前提是一定要深刻地认识和剖析自己，充分了解自身的优势与劣势，结合市场价格运行的规律，辨识出自己能识别的一些行情走势特征，选择适合自己且行之有效的交易方法。在还没有精通一种方法之前，绝不要妄想捕捉所有波动，否则只会以失败告终。要在自己和市场的契合点上选择最适合自己的方法，继而在实战中不断打磨自己所选择的交易方法。

交易机会的选择其实就是在不断地权衡风险收益比和胜算。很多朋友经常问笔者在进场前的那一刻想的是什么，其实无非就是在权衡两点：是不是付出很有限的筹码代价（也就是止损），就可以收获丰厚的利润；进场的条件是否充分，市场条件是否已经能让自己胜券在握，是否到了进场的最佳时机。要将这些权衡与考量在头脑中迅速过滤数遍，然后做出进场或放弃的决定。在进场时要将时机把握得恰到好处，因为一旦错过最佳进场时机，所有交易环节都要被迫改动。

多空双方交锋犹如"两军"对垒，投资者好比多空双方的将领，在"作战"之前必须进行周密的分析与谋划，不可轻率行动。当条件成熟且行情有利于自身时，才可进行操作，这样盈利的胜算较大。若条件不成熟，那么首要的任务是保护好本金，避免亏损。

期货交易之道贵在思考和坚守，要准备好足够的保证金。在交易之初，亏损不可必免，足够的保证金可以让投资者心理压力不至于过大，避免在操作过程中失误。要合理地使用保证金，而且要设置止损点，避免单笔亏损过大。在及时止损的同时，不要忽略期货交易的杠杆作用。笔者建议投资者多做技术止损，而不是千篇一律地做固定止损。

在交易之初，投资者应该学习经典的期货理论及技术，并在实践中不断地应用这些理论及技术。在开始学习期货交易技术的时候，一定要对可行的技术反复模拟，再拿到实盘中演练，在演练的过程中对技术做进一步的优化和改进，从而让其成为你自己的交易方法。

在刚进入期货交易市场时，可以从日内交易做起，短的时间框架交易娴熟了，再将总结的经验用到长的时间框架上。期货交易的成功之路应该是"简单→复杂→简单"的过程。开始时的简单是因为对市场的风险认识不足，对交易的复杂性预估不够，并且时常高估自己的能力；随着交易的次数越来越多，经验越来越丰富，对市场的认识逐渐深入，就会开始怀疑自己，在面对眼花缭乱的技术指标与各种工具时也会感到无所适从；当"吃"了足够多的苦头之后，开始明白"以静制动"的道理，开始构建适合自己的交易系统。

如果投资者肯努力学习，不断超越自己，那么做交易终会有所回报。能不能进阶，取决于投资者能不能控制自己的内心，人生之路漫长，今日做不到不代表明日也做不到，只要努力，一切皆有可能。

1.2　无法获利的坏习惯

盈利很重要，但比盈利更重要的是防范风险，风险小了，利润自然就有了。不论是投资还是投机，都要养成及时止损的习惯，否则会导致更多的亏损。

为什么很多期货投资者无法稳定获利？归根结底是这些投资者都有一些期货交易的坏习惯，下面是笔者总结的期货交易中容易导致投资者亏损的三大致命坏习惯。

1. 不能迅速止损

在交易过程中，能够严格止损并非易事。在面临止损时我们通常有以下两种情况：（1）抱有侥幸心理，很多向下的趋势已经破位，但总是想再等一等，从而错过止损的时机；（2）价格波动频繁，这种情况比较难处理，价格的频繁波动会让投资者面临经常要止损的情况，同时也会让投资者多次止损错误，从而动摇投资者止损的决心。

许多投资者缺乏交易经验，在情绪或财力上倾注于一次交易，而且不愿意或不能止损，常常持有亏损的单子，直到资金不允许再继续持有，才被迫斩仓出局。

期货交易能够稳定获利的三个要素是技术、执行力和心态。止损是对执行力的最大考验，投资者应该研究出一套属于自己的交易系统并坚持不懈地去执行。当然，这套交易系统必须是可行的。真正以做期货为职业的投资者，一定是小止损、大盈利的。但是，市场中的大部分投资者都没有遵循这个基本原则：遇到亏损的单子比谁都能"扛"，而遇到盈利的单子"跑"得比谁都快。

许多投资者在进入期货市场后不能按照预先制定的计划进行交易，结果就是亏损的时候总是大亏，而盈利的时候都是小利。更多的投资者在进入期货市场时，没有超高的交易技术来寻找合适的进场点，更不会设置必要的止损点，甚至没有止损的概念，这就导致很多投资者对亏损的单子进行"死扛"，不懂得用小的代价来博取无限大的利润。满仓操作也是很多投资者的通病，很多投资者喜欢满仓操作，在碰到极端行情时很容易导致严重的亏损。

资金不多确实是影响投资技术发挥的主要原因，如果资金少，就很难做好资金分配，也很难做到有效的止损，这也是笔者喜欢做短线交易的原因。短线交易能够最大化地利用资金，日内短线交易甚至不用承担隔夜的风险。

很多道理大家都懂，能否做好就要看每个人的执行力了。不管手头的单子是亏损的，还是盈利的，做到及时止损都很难。许多投资者的期货交易非常频繁，没有止损的习惯，更没有守住胜利果实的能力。贪婪更是无处不在，如常见的抄底或摸底，这样的错误操作在普通散户投资者中屡见不鲜。还有很多投资者在实际交易中情绪化非常严重，不能理性地战胜情绪，因为这些投资者本身没有交易计划，不知道用什么方式来处理在实际交易中遇到的问题，甚至不愿意接受小额亏损，这就导致在与行情背道而驰的情况下，投资者依然"死扛"亏损的单子，最终的结果就是不断地亏损。

2. 数钱

什么是数钱？很多投资者在期货交易的过程中一刻不停地监视着每笔交易的盈亏，甚至每完成一次交易都急不可耐地去查看资金——看看这次交易的盈亏、看看今天的总盈亏。这个过程就叫作"数钱"。

在交易的时候，投资者要把注意力集中在对行情的分析和判断上，不要总想着账户里的盈亏，否则越担心盈亏，就越无法理智地交易。在交易时要尽量忘掉建仓的成本，也要习惯在交易时不频繁地查看资金，当投资者习惯了不频繁查看资金后，就会发现交易质量明显提高了。

3. 错误的盈利方式

盈利可以通过正确的交易方式来获得，也可以通过侥幸的交易方式来获得。例如，很多投资者通过"死扛"亏损单子，让持仓由危转安，甚至获利。这种侥幸的交易方式是错误的，这些因侥幸而获得利润的投资者，在下一次市场引发亏损的交易中，依然不会止损。

普通投资者经常固执己见，尽管行情已经背道而驰，却还是认为自己的判断是正确的，导致单子的亏损不断增加，最后被迫斩仓。要克服这种心理障碍，认识到自己的渺小，应对市场抱有敬畏的心态，时刻清醒地认识到自己的分析永远是不完美的、不全面的，而市场是正确的，这样才能在市场走势与自己的判断背离时及时调整交易策略。

1.3　个人投资者的生存原则

个人投资者要在市场中生存，需要遵循以下几个原则。

1. 规避新品种

很多个人期货投资者喜欢做新品种，有这个喜好的期货投资者大多数是从股票市场转过来的，他们把从股票市场中养成的交易习惯带到了期货市场。什么习惯呢？那就是打新股。期货的新品种在上市之初，参与的人少、资金量小，行情波动会非常剧烈。一些新品种因为个人投资者对市场的了解有限，市场分歧较大，往往会走出一波趋势性行情，但是它的剧烈波动是一般人无法驾驭的。对于个人投资者来说，参与一个完全不了解的期货品种与赌大小没有本质的区别，或许能够赢一次，但不能保证自己每次都赢。成熟的期货品种资金量大，走势相对平稳，会按照正常的行情运行，对于个人投资者来说更容易把握。

2. 做熟悉的期货品种

目前市场上的每个期货、期权品种是不是都要参与？显然不是。个人投资者应该合理地缩小自己的投资范围，笔者认为参与四五个期货品种的投资是较合适的，原因有以下两方面。

一方面，每个人的精力都是有限的。期货公司或大型投资私募公司的研究员、操盘手有几十人，每个人只负责一两个品种或一个板块，而对于个人投资者来说，盯盘都盯不过来，更不用奢谈研究了。因此，个人投资者只做自己熟悉的几个期货品种就可以了，没必要面面俱到。

另一方面，个人投资者不能只关注一个品种或一个板块，因为板块是轮动的，有时候农产品有行情，有时候化工品有行情，如果只关注一个品种或一个板块，那么当这个板块没有行情的时候，就会出现没有交易机会的情况。

3. 每天都关注最新的期货市场动态

现在是信息时代，个人投资者面对的不是信息匮乏，而是信息爆炸。个人投资者可以轻松地获得各个期货公司的研报、资讯媒体报告、自媒体文章等信息，但这些信息的质量要仔细甄别，经过筛选后，一些高质量的期货信息可以长期跟踪。虽然单看这些信息不能让个人投资者盈利，但它们还是非常有价值的。将市场上的信息变为自己的交易依据，是个人投资者必须学会的技能。

4. 养成独立思考的习惯

养成独立思考的习惯是很重要的，即个人投资者要想在期货市场中获利，就一定要有自己的判断。很多个人投资者总有依赖心理，希望认识所谓的期货"大佬"或成熟的投资者，从他们那里获得一些操作建议，让自己获利，这种想法是不可取的。

即使你获得了某位期货"大佬"的操作建议，但"大佬"的资金实力、操作手法也是你所不具备的。比如，一些投资者或学员跟随笔者的步伐进行交易，虽然笔者的账面是盈利的，但是参考笔者建议的投资者或学员的账面却是亏损的，为什么呢？因为每个人的资金不同，笔者用于交易的资金量比较大，理论上只要有机会就会参与，而跟随笔者进场的投资者或学员可能资金有限，有的品种跟进了，有的品种由于资金不足无法跟进，这就可能导致跟进的期货品种止损了，没跟进的期货品种却是盈利的情况。而且每个人的止损承受能力不同，即使知道别人的操作方向，也会因为无法承受浮亏而离场。

个人投资者在期货交易的过程中可以和别人交流信息，但一定要有自己的一套投资逻辑，不能人云亦云。别人的信息和建议只能参考，如何交易要有自己的判断，只有形成了独立思考的习惯，才能找到自己的投资节奏，别人也才愿意和你交流，如此形成一个良性循环。

个人投资者想要在期货市场生存，甚至实现财富自由，就要选择适合自己的期货品种进行深入研究，遵循简单的投资逻辑，不断磨练交易技巧，学会利用身边的资源，形成独立思考的习惯，在做好这些之后，等待投资机会的出现即可。

1.4 不要患上"投资饥渴症"

投资饥渴症是指投资者手中没有期货单子时总是忐忑不安，害怕失去机会，还没有将市场分析透彻就过早进入市场，甚至逆市进入市场，这样做的结果就是反复止损。其实，这样做不仅会让资金亏损，而且会使投资者的交易心态变差，容易在真正的交易机会来临时怯场观望而错失机会。

在投资过程中亏损时间长了，就容易出现"投资饥渴症"这种病态的心理，想赶紧进场获得利润，以免错过行情。那么，出现"投资饥渴症"的原因是什么呢？

1. 进场总是太早

很多投资者在还没有完全分析出行情的未来走势时，就急急忙忙地冲进市场，进入后才发现进场太早，于是卖出又买入，再卖出，如此反复操作，错失了许多赚钱良机，在收盘后看到全部的交易过程悔恨不已。因此，交易时一定不要太随意，每次交易都要做到有的放矢，进场的条件越充分，胜算才可能越大。

2. 缺乏耐心

很多投资者在进场后无法耐心地持有手中的单子，行情有一点风吹草动就马上平掉本来还有很大盈利空间的单子。其实期货交易不仅是比谁进场进得好，而且要比谁出场出得妙。进场并不是进得越早越好，而是要进得恰到好处。同样，在遇到震荡行情时，不要慌忙出场，一定要有耐心，对市场进行技术分析，总结出场方法，综合判断出场时机。

第 2 章

趋势的特征及判断方法

笔者在《期货日内短线复利密码》（2018 年出版）一书中讲解了在震荡行情中应用的一些技术，很多读者建议笔者能在以后的著作中讲一讲趋势行情的一些特征，以及在趋势行情中应用的一些技巧，下面就以实例的形式讲解在趋势行情中上涨趋势的特征和下跌趋势的特征。从期货市场形成的本质来看，趋势就是多空双方经过一段时间的较量，双方的主力基本上达成了共识，市场有了明确的方向，市场价格朝着一个方向运行。

从价值区理论方面分析，趋势就是影响市场的基本面因素发生了质的变化，市场的价格脱离了原有的价值区，去寻找新的价值区的过程。从技术分析的角度来讲，趋势就是市场的量能经过一段时间的积累，到一定程度时的量能释放过程，或者说由势能转化为动能的能量转换过程。趋势一旦形成，价格就会沿着一个可见的通道运行。在上涨行情中，每个回调的低点都被不断地抬高；在下跌趋势中，每个反弹的高点都被不断地向下压低。

2.1   上涨趋势的特征

上涨趋势的特征是价格低点不断被抬高，高点也不断被抬高，价格趋势不断向上延伸。从时间、空间和量能的角度来分析，当价格处于上涨趋势时，上涨的时间长，下跌的时间短；上涨的幅度大，下跌的幅度小；在上涨时成交量放大，在下跌时成交量出现明显的萎缩。在上涨趋势中，上涨是主方向，价格的每一波回调，都是投资者逢低做多的良机。

如图 2-1 所示为沪铅 2007 合约 1 分钟 K 线走势图，价格从阶段性低点14350 点开始上涨，在上涨的过程中，价格低点不断被抬高，高点也不断被抬高，这就是一个非常理想的上涨行情。从时间上看，上涨的时间明显多于回调的时间。从空间上看，上涨的幅度明显大于回调的幅度。同时，上涨行情中均线的方向都是向上运行的，价格会在均线上方沿着均线的方向向上运行。另外，上涨趋势还要有价量关系的配合，如果价量关系不配合，那么上涨行情也不能持续。那么，什么样的价量关系才是最理想的呢？

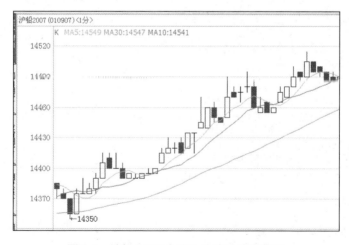

图 2-1   沪铅 2007 合约 1 分钟 K 线走势图

如图 2-2 所示为螺纹 2010 合约 1 分钟 K 线走势图，价格从阶段性低点 3528 点开始上涨，每次价格上涨时，成交量都是放大的，每次价格回调时，成交量都是萎缩的，这种价量关系才是理想的趋势。当遇到这种价量关系时，投资者可以积极地进场做多。若发现价格虽然是上涨的，但是成交量不能同步放大，或者本来价格回调是缩量的，但成交量却是增长的，则行情有可能滞涨了，此时如果有多单就要谨慎了。

图 2-2　螺纹 2010 合约 1 分钟 K 线走势图

如图 2-3 所示为 PVC2009 合约 5 分钟 K 线走势图，价格从相对低点开始上涨，在 5 分钟周期 K 线走势图中，低点不断被抬高，高点也不断被抬高，每次价格上涨都是放量的，而每次价格回调都是缩量的。价格上涨的时间长，价格回调的时间短；价格上涨的幅度大，价格回调的幅度小；在价格上涨时，成交量也放大，而在价格下跌时，成交量出现了明显的萎缩。投资者遇到这种上涨行情可以积极参与。如果发现价格上涨的时间明显少于价格回调的时间、价格上涨的幅度明显小于价格回调的幅度，并且在价格上涨时成交量不能有效地放大，那么就要警惕了。

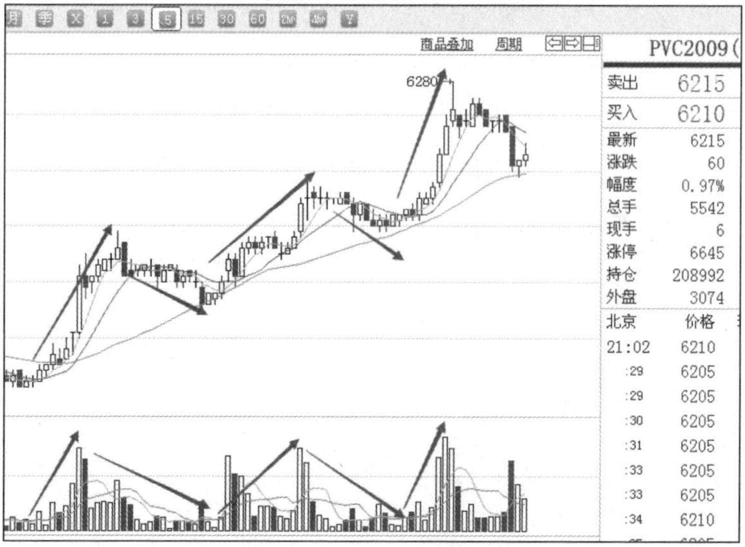

图 2-3　PVC2009 合约 5 分钟 K 线走势图

上面通过 1 分钟 K 线走势图和 5 分钟 K 线走势图给读者举了 3 个实例，这种价量关系在任何 K 线周期及分时图中都适用。

2.2　上涨趋势转市的重要特征

通过对 2.1 节的学习读者知道了上涨趋势的特征，我们反过来想，如果上涨行情中的价格低点和价格高点不能被再次抬高，那么这种情况是不是上涨行情结束的信号呢？如果上涨行情中价格回调的时间多于价格上涨的时间，那么是不是意味着上涨行情出现了滞涨呢？在价格上涨时增量，在价格回调时也增量，是不是上涨趋势要转市了呢？下面以实例说明在上涨行情中，价格低点和价格高点不能被再次抬高的情况。

　　如图 2-4 所示为铁矿石 2009 合约 5 分钟 K 线走势图，5 日均线、10 日均线、30 日均线方向均向上，铁矿石 2009 合约的价格处在 3 条均线之上，价格的低点不断被抬高，高点也不断被抬高，这是理想的上涨行情。但是当第三个高点出现后，接下来价格无法再创新高，而且第三个被抬高的价格低点被跌破，这就是典型的上涨行情要转跌的形态。此时，如果投资者持有多单，一定要记着，被跌破的价格的前低点就是多单止盈出场的信号，这是笔者在实际交易中最常用的多单出场方法。使用前低点被跌破来识别上涨趋势转市的方法非常简单，在实际交易中也比较容易上手。

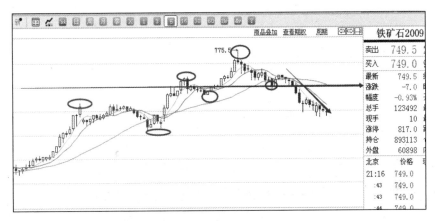

图 2-4　铁矿石 2009 合约 5 分钟 K 线走势图

　　如图 2-5 所示为黄豆一号 2009 合约 5 分钟 K 线走势图，同样的，5 日均线、10 日均线、30 日均线方向均向上，黄豆一号 2009 合约价格处在 3 条均线之上，价格的低点不断被抬高，高点也不断被抬高，这是典型的上涨趋势特征。如果这种特征一直延续，也就是价格的低点和高点不断被抬高，那么意味着上涨趋势没有转跌的苗头。若行情跌破了前期的价格低点（图 2-5 中的方框处），那么上涨趋势的特征就不能持续了，也意味着上涨趋势有可能结束。

图 2-5 黄豆一号 2009 合约 5 分钟 K 线走势图

上面是价格高点与价格低点不能被持续抬高导致上涨行情终结的实例，下面是一个上涨中的价格回调时间多于价格上涨时间而导致上涨行情终结的实例。

如图 2-6 所示为沪铝 2007 合约 5 分钟 K 线走势图，价格同样沿着 5 日均线、10 日均线、30 日均线的方向一路上涨，上涨到一定位置后开始回调。笔者发现，此次价格回调的时间要明显地多于价格上涨的时间，从这个上涨形态中可以解读出多头的心态：价格在一路上涨的过程中，后市非常被看好，投资者不断进场，当价格出现回调后，价格不能在短时间内完成再次突破前一个高点的上涨，长时间的行情整理势必会对多头做多的信心有所打击，很多没有耐心的多头会因此选择离场，但上涨行情需要资金的支持，若出现多头资金纷纷离场的情况，那么上涨行情更加无法持续，于是就会出现"盘久必跌"的情况。笔者在实际交易中遇到这种情况时，一般都会找一个合适的点位出场。与其让行情触发止损的操作，不如自己主动寻找更合适的点位出场。

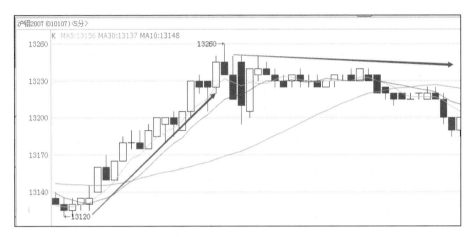

图 2-6　沪铝 2007 合约 5 分钟 K 线走势图

如图 2-7 所示为沪镍 2010 合约 5 分钟 K 线走势图，价格从最低点 10800 点附近开始上涨，第一波价格上涨走势和上涨后的回调走势都比较正常，且价格上涨的时间多于在上涨中回调的时间，但是第二波价格在上涨至最高点 110190 点后的回调就有点不正常了，价格回调的时间明显多于第二波价格上涨的时间。价格处于长时间的横盘整理状态，无法再次上涨，这势必会打击多头做多的信心，在阶段性价格上涨趋势的顶部，若价格处于长时间的横盘整理状态，无法再次突破上涨，横盘的时间越久，价格下跌的可能性越大。

图 2-7　沪镍 2010 合约 5 分钟 K 线走势图

2.3　下跌趋势的特征

下跌趋势的特征正好和上涨趋势的特征相反，是价格连续下跌造成的，每一波价格下跌都持续向下，越过之前的低点，即使中间出现价格反弹，也不会向上突破前一波下跌的高点。价格的高点不断被下移，低点也不断被下移，不断向下延伸的价格趋势就是下跌趋势。在下跌趋势中，价格卜跌的时间多于价格回调的时间，价格下跌的空间大于价格回调的空间。

如果在每次价格下跌时量能都没有放大，那么就是出现了"无量下跌"的情况，在空头行情中可以忽略量能对价格涨跌的配合情况，这也是笔者更愿意做空头行情的原因。当然，有"无量下跌"就会有"无量上涨"，只是出现"无量下跌"的频率明显大于出现"无量上涨"的频率，并且"无量下跌"的持续性要好于"无量上涨"的持续性。下面笔者用实例针对"无量下跌"和"无量上涨"给读者做详细的讲解。

如图 2-8 所示为黄豆一号 2009 合约 5 分钟 K 线走势图,其价格在经过了一轮上涨后,最高涨至 4920 点,然后开始下跌,在下跌的过程中高点被不断下移,同时低点也被不断下移,这就是典型的下降趋势特征。在高点与低点不断被下移的过程中,5 日均线、10 日均线、30 日均线的方向也是向下的,这样的下跌趋势是非常标准的。当价格下跌到一定的低点后,若发现高点被不断下移,而低点却不能同步被下移,或者高点和低点都不能被持续下移,那么这种情况可能是筑底的开始。

图 2-8　黄豆一号 2009 合约 5 分钟 K 线走势图

如图 2-9 所示为沪铝 2007 合约 1 分钟 K 线走势图,其价格从阶段性的高点 13265 点开始下跌,高点被不断下移,低点也被不断下移,不断向下延伸的价格趋势形成了下跌趋势。从时间、空间和量能的角度来分析,当价格处于下跌趋势中时,下跌的时间长,反弹的时间短,下跌的幅度大,反弹的幅度小,价格的高点和低点被不断下移。

图 2-9　沪铝 2007 合约 1 分钟 K 线走势图

　　"无量下跌"一般是因为价格中的几个档位没有买盘或买盘很少,只要一有卖盘出现就会使价格下跌。下方价位的档位买盘越少,价格下跌的速度越快。多空双方就像交战的两军,"有量下跌"好比空头主动进攻,空头火力要明显强于多头火力,多头抵挡不住空头,且战且退,于是空头占领了重要关口。无量下跌的情况是,空头还没怎么进攻,多头已经军心涣散,自动溃逃。在有量下跌的期货走势中,多头会在下跌的每个重要支撑位或整数关口价位"抵抗"一下。

　　量能代表多空双方的力量,也代表多空分歧的大小。其实,无论是向上突破重要点位,还是向下跌破重要点位,往往都会伴随成交量的放大,成交量越大,上涨或下跌的行情越牢固,但是在期货市场没有那么简单的因果关系。在期货市场,当行情向下跌破重要点位时,大部分人会心存幻想,认为是短期走势,但行情迟迟不能回到原有趋势上,于是出现了放量的下跌,这种走势是很常见的。要注意的是,当投资者对后市悲观的看法一致时,即使没有成交量,也会出现价格大幅下跌的情况。

　　如图 2-10 所示为沪铜 2007 合约分时 K 线走势图，看一下图中方框下面的量能，这就是典型的"无量下跌"的情况，价格不断下跌，但是成交量没有放大。"无量上涨"也会经常出现在行情走势中，"无量上涨"的原理正好和"无量下跌"的原理相反，因为价格中的几个档位没有卖盘或卖盘很少，所以只要一有卖盘出现就会使价格上涨。合约上方价位的档位中卖盘越少，合约价格上涨的速度越快。

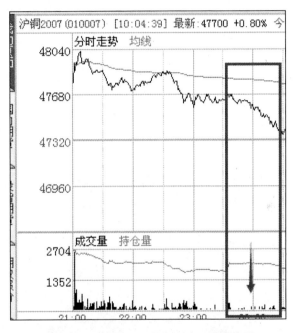

图 2-10　沪铜 2007 合约分时 K 线走势图

　　如图 2-11 所示为焦煤 2009 合约分时 K 线走势图，当夜盘开盘后，其价格就开始上涨，盘中几度创新高，但是成交量随着价格的上涨而急剧减少，这是一种典型的顶部价量背离行情。顶部的价量背离本身就是一个行情见顶的信号，同时也是典型的"无量上涨"形态，但该上涨不能持续，"而无量下跌"经常会持续很久。

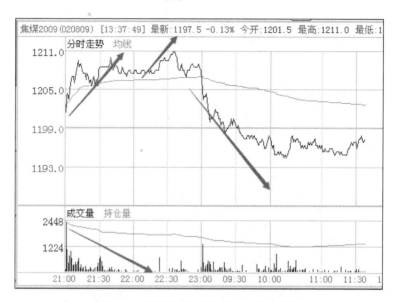

图 2-11　焦煤 2009 合约分时 K 线走势图

2.4　下跌趋势转市的重要特征

通过对下跌趋势的分析，我们可以发现下跌趋势转市的重要特征：下跌的价格高点和价格低点不能被下移，在下跌趋势中反弹的时间多于下跌的时间，反弹的空间大于下跌的空间。通过观察这些特征，就可以很容易地发现下跌行情反转的信号。

如图 2-12 所示为甲醇 2009 合约 5 分钟 K 线走势图，其价格一路上涨，最高涨至 1727 点，然后开始下跌，在下跌的过程中，高点（圆圈处）被不断下移，低点也被不断下移，并且 5 日均线、10 日均线、30 日均线的方向都是向下的，这就是典型的下跌趋势。当下跌行情中的高点被突破（方框处）时，就是下跌趋势不能延续的最重要的标志，也意味着这一波下跌趋势可能就此终结。其实，只要我们掌握了下跌趋势的特征，在实际行情中就能很容易地识别下跌趋势，如果做空行情，那么也会很容易地做好空单止盈。

图 2-12　甲醇 2009 合约 5 分钟 K 线走势图

如图 2-13 所示为沪铜 2008 合约 5 分钟 K 线走势图，行情一路上涨，在阶段性的高点 43900 点开始下跌。在下跌的过程中，价格的高点被不断下移，低点也被不断下移，但是在第 4 个高点（图 2-13 中第 4 个圆圈处）被下移后，高点无法被再次下移，并且这个高点被后面的行情突破，这就是下跌行情转市的重要信号。笔者在实际交易中经常用这种方法来判断行情，然后对空单止盈。

图 2-13　沪铜 2008 合约 5 分钟 K 线走势图

前面讲解了在下跌趋势中通过不断下移的高点被突破来判断下跌行情转市的方法，下面笔者再给读者讲解两个在下跌趋势中反弹调整时间多于下跌时间导致行情反转的实例。

如图 2-14 所示为螺纹 2010 合约 1 分钟 K 线走势图，行情一路上涨，形成了一个阶段性的高点，在 3609 点开始下跌，但是此次下跌的时间不如之后横盘整理的时间长。正常的下跌趋势是，价格下跌的时间明显多于横盘整理的时间，如果在做空行情的时候，发现价格下跌后的横盘整理时间远多于价格下跌的时间，那么行情有可能开始筑底了。横盘的时间越长，则筑底的时间越长，且价格再次下跌的可能性越小，如果此时持有空单，建议先获利了结。因为在下跌行情中，若价格长时间无法突破前低点而继续下跌，就会打击做空投资者的信心，使得部分做空的投资者平掉空单，导致下跌行情更加无法继续，这也是笔者经常用到的空单出场方法。

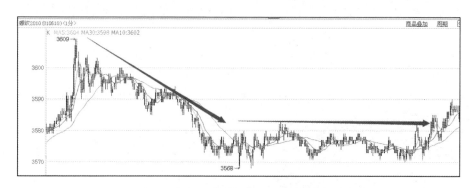

图 2-14　螺纹 2010 合约 1 分钟 K 线走势图

如图 2-15 所示为沪铅 2008 合约 5 分钟 K 线走势图，其价格从最高点14710 点一路下跌，最低跌至 14565 点，然后开始反弹整理。通过图 2-15不难发现，下跌趋势中的价格反弹整理时间明显多于下跌的时间，下跌中的价格反弹整理时间越久，行情再次下跌的可能性越小。如果价格横盘整理的时间超过了前期下跌的时间，就不能再盲目地看空了，因为行情会随时筑底并转为上涨。所以，我们在进行期货交易时，不能太主观，对多空的转换要灵活，要随着行情的变化来调整交易策略。

图 2-15　沪铅 2008 合约 5 分钟走势图

2.5　趋势线的画法与分析

趋势线是绘制价格走势的线，它连接某个特定时期内期货价格上涨的最高点和下跌的最低点，用来预测期货未来价格走势的变化。早期趋势线被业内交易者形容为"一把直尺闯天下"，因为早期的行情软件功能还不够强大，在软件上不能直接画出想要的趋势线，当时的交易者在判断趋势线时，只能在屏幕上使用直尺测量。趋势线的角度和方向能够指明期货价格处于上升趋势还是下跌趋势。如果价格跌破了向上倾斜的趋势线，或者突破了向下倾斜的趋势线，一般就会认为行情可能要出现反转。趋势线分析属于技术分析方法中的一种，但是必须要与其他技术分析方法结合使用效果才会更好。按照趋势线方向的不同，可以将趋势线分为上升趋势线和下降趋势线。上升趋势线对上涨中的行情起支撑作用，下降趋势线对下跌中的行情起阻力作用。下面讲解趋势线的相关实例。

如图 2-16 所示为沪铝 2007 合约日 K 线走势图，行情走势的低点被不断抬高，把行情中的两个低点连接起来形成一条直线，就得到了上升趋势线。只要价格一直处在上升趋势线的上方，做单的思路就以做多为主，趋势线的方向就是我们进场做单的方向。当价格跌破了这条上升趋势线，上涨行情就有可能转为下跌行情，也可能在横盘整理后再次上涨。一般情况下，当笔者遇到上升趋势线被跌破时，会将持有的多单减仓，然后根据接下来的行情决定是否全平仓。

图 2-16　沪铝 2007 合约日 K 线走势图

下面看看下降趋势线的实例。如图 2-17 所示为硅铁 2009 合约 5 分钟 K 线走势图，行情走势的高点被不断下移，把行情中的两个高点连接起来形成一条直线，就得到了下降趋势线。只要价格一直处在下降趋势线的下方，做单的思路就以做空为主，趋势线的方向就是我们进场做单的方向。当价格向上突破了这条下降趋势线（图 2-17 中的圆圈处），下跌行情就有可能转为上涨行情，也可能在横盘一段时间后再次下跌。无论是上涨到顶部的下跌行情，还是下跌到底部的上涨行情，都需要一定时间的筑顶或筑底才能出现反转行情，而不是单纯地根据下降趋势线的突破情况或上涨趋势线的跌破情况来判断行情是否反转。趋势线的突破情况只是行情反转的信号，行情是否能真正反转还要继续观察后市。

图 2-17　硅铁 2009 合约 5 分钟 K 线走势图

第 3 章

3

短线交易如何判断趋势

能否正确判断行情趋势是投资者进场后能否获利的关键因素，如果不能正确判断行情趋势，那么在进场后，行情有可能与投资者的设想背道而驰，也有可能来回震荡，根本无利润空间。任何一种趋势最终都会结束，也就是说，一个上涨趋势结束必定伴随着下跌，而一个下跌趋势结束必定伴随着上涨，如此周而复始。市场价格不会永远朝着一个方向运行，趋势运动的轨迹就像波浪，具有明确的波峰和波谷。波峰和波谷是构成不同趋势的基本元素，根据波峰和波谷的位置，形成了上涨趋势、下跌趋势和震荡趋势。

3.1 用分时图判断趋势

下面对分时图中的几条线进行简单的介绍。在分时图中，上方黄色的线叫作均价线，白色的线叫作价格线。价格线是将每分钟结束时的成交价格连接起来的线，均价线是按照时间间隔（比如一分钟）将所有成交价格按照成交量计算的平均价格连接起来的线。一般情况下，当均价线的方向向上且价格线处在均价线上方时，以做多为主，在价格线每次回调到均价线附近时都是做多的机会；当均价线的方向向下且价格线处在均价线下方时，以做空为主，在价格线每次反弹到均价线附近时都是做空的机会。在分时图中，下方黄色的线是持仓线，和持仓线在一起的数据是成交量。分时图的界面还是比较清晰的，呈现了均价、价格、持仓量和成交量这 4 个数据，如果能把这 4 个数据研究透彻，做日内短线交易也是一个不错的选择。下面用实例讲解如何利用分时图中的各种线来判断行情趋势。

如图 3-1 所示为苹果 2010 合约分时走势图，可以看到分时图中的价格线和均价线有着密切的关系，均价线方向向下，价格线处在均价线下方，那么当天的日内短线就要以做空为主，当价格线每次反弹到均价线附近时都是投资者做空的机会。通过价格线和均价线的位置关系，可以判断当天日内行情的趋势。当然，使用分时图只能预测当天的趋势，不能用来判断大趋势。投资者可以根据均价线和价格线的位置，进行相应的买卖操作。

如图 3-2 所示为甲醇 2009 合约分时走势图，价格线处在均价线上方，均价线倾斜向上，这种情况当天要以做多为主，当价格线每次回调到均价线附近时，都是投资者做多的机会。读者一定要记着，若价格线处于均价线上方，那么即使均价线走平也不代表当天的行情强势，如果当天均价线向上倾斜，价格线处于均价线之上，那么就可以判断当天的行情相对强势，属于上涨趋势。本实例分时走势图当天甲醇 2009 合约的交易思路就是做多，在每次价格回调到均价线附近受到支撑时，都是投资者做多的机会，可以积极买进。

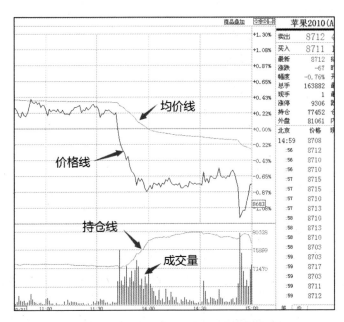

图 3-1　苹果 2010 合约分时走势图

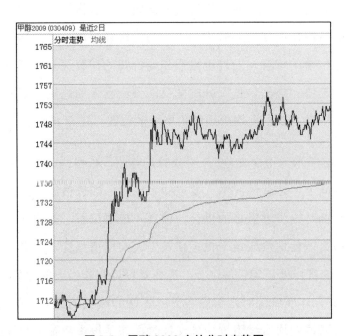

图 3-2　甲醇 2009 合约分时走势图

如图 3-3 所示为燃油 2009 合约分时走势图，价格线处于均价线上方，均价线倾斜向上，代表当天燃油 2009 合约的行情比较强势，属于上涨趋势。本实例分时走势图当天燃油 2009 合约的交易思路是做多，在每次价格回调到均价线附近受到支撑时，都是投资者做多的机会，可以积极买进。其实止损点很好设置，既然用均价线作为进场做多的依据，那么就可以将价格跌破均价线作为止损的依据。

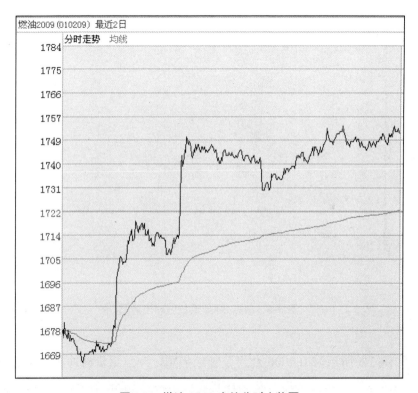

图 3-3　燃油 2009 合约分时走势图

如图 3-4 所示为白银 2014 合约分时走势图，开盘后价格冲高，紧接着价格跌破均价线，然后价格线在行情中不停地上下穿越均价线，这属于典型的震荡走势。当价格线跌破均价线后反弹到均价线附近，无法再次突破，处在均价线下方，并且均价线倾斜向下时，行情有可能开始下跌。此时根据价格线和均价线的位置，可以判断当天白银 2014 合约的行情属于弱势下跌趋势，遇到这种行情逢高做空即可，只要价格反弹到均价线附近就做空。可以将止损点设置在均价线的位置，只要价格反弹并突破了均价线，就要将空单止损出场。

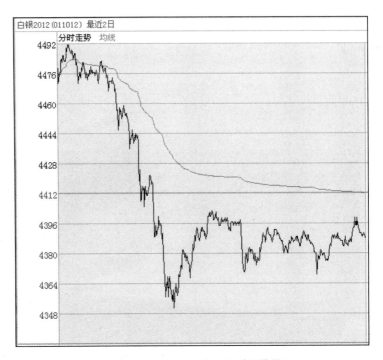

图 3-4　白银 2014 合约分时走势图

如图 3-5 所示为 IF2006 合约分时走势图，开盘后价格冲高，接着价格跌破均价线，当价格再次上涨到均价线附近时受到阻挡，这时可以以此为依据进场做空。当价格线每次上涨到均价线附近受到阻挡时，都是投资者进场做空的机会。利用分时图中的均价线和价格线的关系来做期货是比较简单的，但一定要结合其他的技术指标，互相配合着使用，单独使用均价线和价格线的胜算不大。

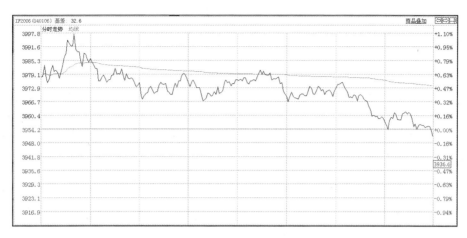

图 3-5 IF2006 合约分时走势图

3.2 用均线判断趋势

移动平均线（Moving Average，MA）简称为均线，是指用统计分析的方法将一定时期内的期货价格指数加以平均，并把不同时间的平均值连接起来，形成一条移动平均线，用以显示期货价格的变动趋势，是一个技术指标。移动平均线是美国著名的投资专家 Joseph E.Granville（葛兰碧，又译为格兰威尔）于 20 世纪中期提出来的。移动平均线是当今应用最普遍的技术指标之一，它可以帮助投资者确认现有趋势、判断将出现的趋势、发现即将反转的趋势。

移动平均线可能是最常见、最简单的技术指标了，利用它可以判断趋势发展的方向与强度，且准确度较高。如果移动平均线方向向上，则代表行情上涨，认定行情趋势也是向上的；如果移动平均线方向向下，则意味着行情下跌，认定趋势也是向下的。移动平均线向上运行或向下运行都是一个缓慢的过程，如果沉迷其中，则容易被"温水煮青蛙"，因为任何技术指标都有利有弊，能够让我们在交易中赚钱才是关键。

移动平均线与其他技术指标一样，都属于滞后指标，不能用来预测未来走势。价格的上涨不是由某个技术指标出现了金叉决定的，价格的下跌也不是由某个技术指标出现了死叉决定的，而是因为量能的改变使价格出现了上涨或下跌，这就是所谓的"价行量先"，即先有量能才有价格的上涨或下跌。也就是说，先有价格的上涨或下跌，才有技术指标的金叉或死叉。

移动平均线属于滞后指标，若投资者使用该指标来判断行情，那么在该指标出现信号时，走势显然已经持续一段时间了，投资者可能会错失最初的一波行情。换句话说，只有实际的最低价格或最高价格出现后，移动平均线才会出现对应的信号。移动平均线虽然滞后，但它是反映价格趋势发展方向最好的工具。我们可以顺着趋势方向建立高胜算仓位，因为价格大多会朝着移动平均线的趋势方向移动。对于上升趋势来说，只要价格维持在移动平均线之上，上升趋势就不会出现反转。下面用实例进行讲解。

如图 3-6 所示为二年国债 2009 合约日 K 线走势图，图中的 3 条均线分别是 5 日均线、10 日均线和 30 日均线。笔者在交易过程中常用的就是这 3 条均线，很多投资者可能还会用到 60 日均线、90 日均线、半年线，甚至年线，这些投资者大部分是从股票市场转到期货市场的，其实在期货市场中一般用不到周期太长的均线，即使做中长线交易，除常用的 3 条均线外，最多再用一个 60 日均线也足够了。期货市场和股票市场交易的风格及持仓的周期不同，不能将股票市场中的技术指标直接套用到期货市场中，用于股票交易的方法和理念，在期货交易中有时也不一定适用。

在期货交易中，一般一个主力合约的周期只有三四个月的时间，这就导致期货不能像股票那样可以长期持有，甚至永久持有，所以很多时候还没等长周期均线对价格起到支撑或阻力的作用就要换月了，除非做持仓半年以上的长线交易，否则一个月内的波段交易一般使用30日均线就足够了。

在图3-6中，5日均线、10日均线、30日均线均大致呈45度角向上运行，当发现 3 条均线的方向都是向上的，有一定的角度，并且价格处在 5 日均线之上时，就可以判断此品种此时是上涨趋势。笔者在实际交易中一般以 30 日均线的方向作为进场交易的方向，读者也可以把 30 日均线当作一个变异的趋势线。

图 3-6　二年国债 2009 合约日 K 线走势图

如图 3-7 所示为棕榈油 2009 合约日 K 线走势图，价格一直在 30 日均线下方运行，遇到这样的行情，笔者的交易思路是找高点做空，在价格每次反弹到 5 日均线、10 日均线和 30 日均线受到压制且无法突破时，都是进场做空的机会。行情趋势的具体表现是市场成本的变化，而均线所代表的正是市场在某一时间段内的平均交易成本，均线的方向就是该时间段内的市场趋势方向。30 日均线的方向代表过去 30 个交易日内的市场趋势，我们在做短线交易时用 30 日均线作为判断趋势方向的依据就可以了。

图 3-7　棕榈油 2009 合约日 K 线走势图

如图 3-8 所示为焦煤 2009 合约日 K 线走势图，当前的行情是，价格处在 5 日均线、10 日均线、30 日均线之上，那么此时的交易思路就是逢低做多，如果是日内交易，就等价格回调到一定支撑位（比如前期的高点、低点、整数关口、分时图中的均价线等位置）进场做多。只要价格处在 30 日均线之上，就只做多，方向不能变。当 30 日均线被突破（图 3-8 中的圆圈处）或被跌破的时候，就放弃做空的思路，转为做多的思路。但也不是只要价格突破了 30 日均线就能立刻进场做多，还要看行情接下来的发展，并配合其他的技术指标来寻找做多的机会。

图 3-8　焦煤 2009 合约日 K 线走势图

如图 3-9 所示为十年国债 2009 合约日 K 线走势图，我们可以看到，开始时价格一直在 30 日均线上方运行，均线的角度向上，通过 30 日均线的运行角度及价格处在 30 日均线上方这两个条件就可以知道，目前是上涨趋势。当价格跌破了 30 日均线（图 3-9 中的圆圈处）后，就会发现趋势由原来的上涨趋势转为下跌趋势，其实通过某一个指标判断趋势的方向并不难，难的是坚持。

判断趋势是涨还是跌必须有一个标准，虽然每个人对趋势形成的标准都不一样，但是找到判断趋势是涨还是跌的标准并不难。均线系统是顺势系统，且永远追随趋势，所以均线就是最好的标尺。

图 3-9　十年国债 2009 合约日 K 线走势图

3.3　用布林通道判断趋势

想要做好顺势交易首先要会判断趋势，布林通道就是一个既简单又非常直观的分析系统。布林通道作为跟踪趋势的技术指标是很有效的，应用起来也非常方便。

布林通道指标作为期货技术分析的常用工具之一，能够帮助投资者确定价格的波动范围和未来走势，其波带能够显示安全的高价位和低价位，因此也被称为布林带。布林通道的上下范围不固定，随着价格的波动而变化。价格在布林通道上限和下限之间波动，这条带状区的宽窄，随着价格波动幅度的大小而变化。当价格涨跌幅度加大时，带状区变宽；当价格涨跌幅度变小时，带状区变窄。这就是我们常说的"缩口无行情，开口有行情"。后面笔者会详细讲解布林通道上轨、下轨收口和开口的应对技巧，下面通过一个实例讲解布林通道的基本用法。

如图 3-10 所示为焦煤 2009 合约日 K 线走势图，布林通道线是由上轨、中轨、下轨（分别对应图 3-10 中标注数字 1、2、3 的线）3 条轨道线组成的，其中上轨（图 3-10 中标注数字 1 的线）与下轨（图 3-10 中标注数字 3 的线）位于通道的最外面，分别是该趋势的压力线与支撑线，中间那条线是中轨（图 3-10 中标注数字 2 的线），为价格的平均线。在多数情况下，价格总是在由上轨与下轨组成的带状区间内运行，且随着价格的变化自动调整轨道的位置。

当价格线位于布林线中轨之上时，趋势偏强；当价格线处于布林线中轨之下时，趋势偏弱。布林通道的两极为上轨和下轨，分别表示极强和极弱。当价格穿越上轨时为卖出信号，当价格穿越下轨时（图 3-10 中的圆圈处）为买入信号；当价格由下向上穿越中轨时（图 3-10 中的方框处）为做多信号，当价格由上向下穿越中轨时为卖出信号。以上就是布林通道的基本用法。

图 3-10　焦煤 2009 合约日 K 线走势图

如图 3-11 所示为沪铝 2007 合约日 K 线走势图，可以看到当价格突破中轨后，行情就一直在布林通道的中轨和上轨之间运行，并且布林通道的中轨倾斜向上，只要价格在布林通道中轨和上轨之间运行，我们就可以一直保持做多。其实，布林通道的中轨类似于一条均线，即 26 日移动平均线，其交易思路和使用移动平均线判断趋势的思路有些相似，只是布林通道比移动平均线多了上轨和下轨而已，但多出来的上轨和下轨让布林通道比移动平均线在实际运用中更具有参考意义。

图 3-11　沪铝 2007 合约日 K 线走势图

如图 3-12 所示为锰硅 2009 合约日 K 线走势图，可以看到上轨和下轨开始收缩，收缩的过程也是行情从趋势行情走向震荡行情的过程，当上轨和下轨收缩到无法再缩小，价格波段区间越来越小时，会让多空双方都无利润可言。如果布林通道出现这种情况，且盘中的成交量越来越少，那么此时是大行情要启动的前兆。在图 3-12 中的圆圈处，价格跌破布林通道的中轨，上轨与下轨开始开口，此时就是下跌行情启动的标志。只要价格在布林通道中轨和下轨之间运行，我们就一直保持以做空为主。如果此时再有量能的配合，那么下跌的可能性就更大了。

图 3-12　锰硅 2009 合约日 K 线走势图

如图 3-13 所示为螺纹 2010 合约日 K 线走势图，价格突破布林通道的中轨后沿着上轨运行，如果价格经过了长期的横盘整理后（在布林通道中，上轨与下轨经过了长期的收缩）突然沿着上轨运行，布林通道中轨的角度倾斜向上，并且成交量能有效地放大，那么就可以看作是多头行情的开始。读者一定要留意价格突破上轨（图 3-13 中的圆圈处）的情况，价格在上轨和中轨的上升通道中，价格触及上轨不是卖出信号，而是持仓信号，在趋势交易中这属于超买行为。不能因为价格突破了布林通道的上轨就盲目做空，如果行情是单边上涨行情，那么在价格上涨的途中势必要有多次的技术性回调。稍后笔者会讲解如果价格突破布林通道上轨或跌破下轨，配合什么指标可以做多或做空。

图 3-13 螺纹 2010 合约日 K 线走势图

如图 3-14 所示为沪镍 2008 合约日 K 线走势图，沪镍 2008 合约价格一直沿着下轨向下运行，并且布林通道的中轨方向向下倾斜，前文讲过布林通道的中轨相当于 26 日均线，而且还讲过可以将 30 日均线运行的方向作为行情趋势的方向，也就是可以把 30 日均线当作一个变异的趋势线使用，甚至可以把中轨当作 30 日均线的功能使用，那么中轨运行的方向就可以看作是趋势的方向。在正常的下跌趋势中，价格都是在中轨和下轨之间运行的，价格在向下运行的过程中可能会多次触及下轨（图 3-14 中的圆圈处），甚至跌破下轨，但这只是超卖行为，在单边行情中出现超买、超卖的现象预示着行情将持续，所以不要价格一跌破下轨就想着去买进，因为价格跌破下轨也可能只是下跌途中的一次回调。如果投资者在单边下跌行情中抄底进场做多，那么很可能被深度套牢。

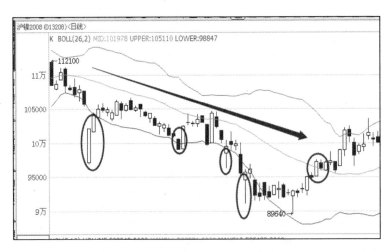

图 3-14　沪镍 2008 合约日 K 线走势图

　　读者一定要记住，不要盲目将布林通道基本的使用方法套用在期货交易中，比如图 3-10 中的实例：当价格穿越布林通道上轨时为卖出信号，当价格穿越布林通道下轨时为买入信号。很多投资者只简单看一下某个指标的基本使用方法就直接用在期货交易中，这肯定是无法做到稳定获利的。

　　期货交易技术易学难精，看似简单，但是想真正做到稳定获利难之又难，所以期货职业操盘手永远都是紧缺的，笔者公司的"智航私募人才培训基地"每年为全国几十家私募工作室培养职业操盘手，真正学成并能够独当一面的一年也不过二十人左右。

3.4　布林通道与MACD配合的交易技巧

　　前面详细讲解了通过布林通道判断行情趋势的方法，下面讲解布林通道与 MACD 配合判断行情阶段性的底部和顶部的方法。读者一定要记住，期货交易中任何一种技术的好坏都只是相对的，不是绝对的，我们只要用心把技术学好、用好就可以了。

MACD（Moving Average Convergence and Divergence）即异同移动平均线，是趋向性指标，指示趋势，有些时候也会失灵。比如，在震荡行情中MACD 就会处于失灵的状态，此时如果用 MACD 作为进出场的信号，就会出现来回止损的情况。当然，只要学习了一段时间的期货技术，就不会单一地使用 MACD 来判断进出场信号，当 MACD 失灵的时候，就要加入另外一个指标对行情进行判断。

如图 3-15 所示为苯乙烯 2009 合约 5 分钟 K 线走势图，可以看到方框中的行情进入了震荡走势，MACD 也出现了失灵的现象，既上不去，也下不来，如果这个时候还使用 MACD 作为进出场的信号，那么投资者肯定会来回止损。这就是为什么很多期货新手在刚刚进入期货市场，用各种指标作为进场的依据时，面临的不是盈利而是不断地止损。请读者记住，MACD指标只是行情分析的辅助工具，不要单独将其用作判断进出场的信号。

图 3-15　苯乙烯 2009 合约 5 分钟 K 线走势图

虽然 MACD 是趋向性的指标，但是在单边上涨行情中有时也会出现钝化。如果投资者在 MACD 出现金叉时进场，在出现死叉时出场，且看到上涨行情中的 MACD 出现死叉就去做空，那么一定会亏得很惨。

如图 3-16 所示为沪铝 2008 合约 5 分钟 K 线走势图，属于单边上涨行情，在这种单边行情中，如果按照 MACD 的传统用法"金叉买入、死叉卖出"，那么在图 3-16 中圆圈所示的死叉处卖出，就很容易被深度套牢。每个指标都有其优势，要懂得怎么用，而不是盲目地套用。一般情况下，单独使用一个指标效果并不理想，将两个或更多的指标配合使用效果会更好。

图 3-16　沪铝 2008 合约 5 分钟 K 线走势图

在图 3-16 中，我们可以使用一个比 MACD 更加趋向化的指标，即布林通道，它在 MACD 失灵和钝化的时候能够提供一定的帮助。在所有技术指标中，像 KDJ、MACD 等都不可避免地遭遇过主力"骗钱"的情况，特别是在盘整行情中，而布林通道的上轨和下轨明显确定了价格上下运行的上方压力和下方支撑，使投资者可以及时地将无形的阻力与支撑变为有形的价格，从而规避主力"骗线"行为的发生。因此，布林通道配合 MACD 使用可以大大提高投资者交易的准确率。布林通道其实就是一条通道，在趋势确认的情况下，会呈现向上或向下的趋势。在趋势不确认的情况下，会呈现横盘的趋势。

如图 3-17 所示为沪铝 2007 合约日 K 线走势图，行情在横盘的时候，布林通道一般不会突破上轨或跌破下轨，MACD 却会来回出现金叉和死叉（图 3-17 中的方框处），这个时候不要根据 MACD 的金叉和死叉去介入，因为在震荡行情中 MACD 的金叉和死叉是失灵的。前文讲过，价格连续突破上轨是做多的信号，价格连续跌破下轨是做空的信号，此时要等价格跌破布林通道下轨，在图 3-17 中的圆圈处，价格跌破布林通道下轨后的回调不能返回中轨之上，这就是一个典型的做空信号，此时进场做空，止损点也好设置，设置在中轨上方即可，止损小且下方空间无限大，是一笔值得做的交易。

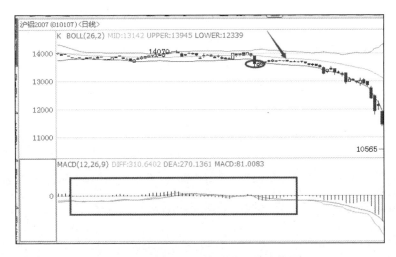

图 3-17 沪铝 2007 合约日 K 线走势图

如图 3-18 所示为沪锌 2008 合约日 K 线走势图，期货价格一路上涨，当价格处在高位时，MACD 可能会连续出现多个死叉（图 3-18 中的方框处），而很多投资者也可能会进场做空。但是笔者发现，在 MACD 出现死叉的时候，价格依然处在布林通道的中轨和上轨之间，并且中轨方向还是向上的，多头趋势并没有改变，这个时候就要结合布林通道的形态来分析，不要急于进场，等到价格跌破布林通道中轨后（图 3-18 中的圆圈处），并且价格反弹上不去中轨时，再结合 MACD 的死叉进场，这样胜算更大。在图 3-18 中，可以看到价格跌破了布林通道中轨，在反弹不破中轨的同时，MACD 几乎在同一个时间出现死叉，将这两个指标结合，进场的胜算会更大。止损点也非常好设置，将止损点设置在布林通道中轨上方即可。

图 3-18　沪锌 2008 合约日 K 线走势图

布林通道的用法相对比较复杂，如果没有办法判断布林通道的方向，就不要盲目操作，等到方向明确的时候再进场交易也不迟。

前面讲解了两个布林通道和 MACD 配合使用的实例，其实也可以说是布林通道配合 MACD 交易的实例。下面笔者再讲解两个 MACD 配合布林通道交易的实例，通过价格和 MACD 的背离来选择可能出现的阶段性顶部或底部。

如图 3-19 所示为沪锌 2007 合约 60 分钟 K 线走势图，可以发现价格在下跌过程中多次跌破布林通道的下轨，笔者之前讲过，价格跌破布林通道下轨是进场做空的信号，但是任何行情都不可能永久地单边下跌，也不可能永久地单边上涨，多头能量和空头能量都会有能量不足的时候。

图 3-19 沪锌 2007 合约 60 分钟 K 线走势图

那么什么时候会出现阶段性低点呢？下跌行情在什么时候停止呢？此时 MACD 就要上场了。在图 3-19 中，当价格一次次地跌破布林通道下轨的时候，只要 MACD 和价格不出现底背离，就可以认为下跌趋势依然存在，可以一直持有空单。当发现价格再次跌破布林通道下轨且 MACD 和价格出现了底背离时，笔者一般会空单减仓，如果价格突破了布林通道中轨，则可以全平。通过 MACD 和价格的底背离，再结合布林通道的相关技术，就很容易找出下跌途中可能出现的阶段性低点，甚至是反转点。什么是 MACD 的顶背离和底背离？这里笔者就不做太多的介绍了，读者可以根据前言中的笔者联系方式，免费索取相关的视频课程。

如图 3-20 所示为沪镍 2007 合约 60 分钟 K 线走势图，这是上涨行情，可以看到行情几次创新高，MACD 也不背离，那么还是以看多为主，如果持有多单，就继续持有。当发现价格继续创新高，但是 MACD 却与价格出现了顶背离时，我们持有的多单就要减仓了。当价格跌破了布林通道中轨时，多单要获利了结。

图 3-20　沪镍 2007 合约 60 分钟 K 线走势图

3.5　布林通道开口和收口的交易技巧

本节讲解布林通道开口、收口在实战中的交易技巧。价格经过一段时间的上涨或下跌后，布林通道上轨和下轨的开口开始收缩，说明价格的波动性减小，盘中行情不活跃，交易数量稀少，行情将进入盘整期，未来有可能重新选择要突破的方向。投资者要密切关注布林通道收缩的交易品种，因为趋势行情正在酝酿中，一旦成交量突然放大，布林通道的上轨和下轨开口，就有可能开启一波新的行情。

如图 3-21 所示为沪铜 2008 合约 5 分钟 K 线走势图，布林通道上轨和下轨收口，价格波动性减小，盘中行情不活跃，成交量减少，行情将进入盘整期。若发现行情多次触碰布林通道下轨，并且在上轨和下轨逐渐开口的同时，成交量开始温和放大，那么此时就要留意了，这种情况可能是新的一波下跌行情的开始。此时可以尝试用少量空单进场，进场后只要价格不突破中轨，就可以一直持有这笔空单，止损点可以设置在布林通道中轨的上方。

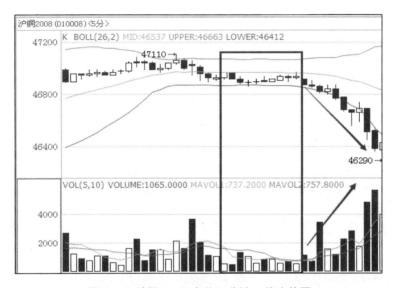

图 3-21　沪铜 2008 合约 5 分钟 K 线走势图

如图 3-22 所示为沪镍 2008 合约 5 分钟 K 线走势图，布林通道的上轨和下轨收口，价格波动性减小（方框处），盘中行情不活跃，成交量减少，行情将进入盘整期。若发现行情多次触碰布林通道上轨，并且上轨和下轨逐渐开口的同时，成交量开始温和放大，则可能是新的一波下跌行情的开始。注意，将要出现做空的行情时，可以没有成交量的配合，但是将要出现做多的行情时，一定要有成交量的配合，若上涨行情没有成交量的配合，那么上涨的动能也值得怀疑。此时可以尝试用少量多单进场，进场后只要价格不跌破中轨，就可以一直持有多单，止损点可以设置在布林通道中轨的下方。

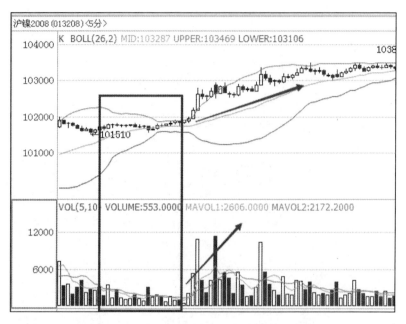

图 3-22　沪镍 2008 合约 5 分钟 K 线走势图

如图 3-23 所示为沪锌 2008 合约 5 分钟 K 线走势图，布林通道在经过了长时间的缩口后出现开口（在图 3-23 中 16285 点附近），则是新一波行情开始的前兆，但是布林通道开口不可能一直无限扩张，行情也不可能永久上涨，当价格涨至最高点后，布林通道的开口不能持续扩张，并且出现了上轨与下轨开口均收缩的情况，那么就有可能是一波行情的终结。当布林通道收缩到极致，并且伴有两次价格跌破布林通道中轨的现象出现时，持有的多单就要减仓甚至全平了。

图 3-23　沪锌 2008 合约 5 分钟 K 线走势图

如图 3-24 所示为焦炭 2009 合约 5 分钟 K 线走势图，可以看到，布林通道从 1979 点附近缩口到极致后开口，这就是一个从震荡行情到下跌行情的过程。当布林通道的开口不能持续扩张，并且出现了上轨与下轨开口均收缩的情况时，就意味着下跌行情可能要终结。

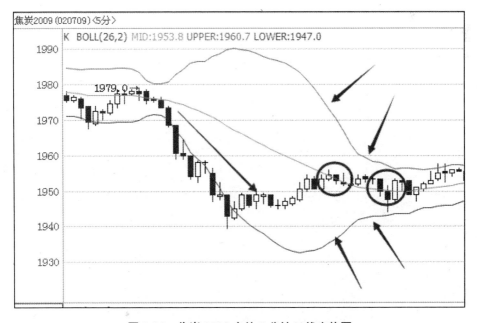

图 3-24　焦炭 2009 合约 5 分钟 K 线走势图

很多读者会问：书中的很多实例都是日线图，那么在 5 分钟、30 分钟等周期，这些分析方法一样适用吗？一套完善的期货实战技术在理论上是不分周期的，在任何周期上都适用，包括比较经典的 K 线理论、波浪理论、江恩理论、道氏理论等，而且这些理论既可以用在期货交易中，也可以用在股票交易中。

第 4 章

4

量能在实战中的配合

4.1 成交量

1. 成交量的定义

成交量指在某一段时间内，期货合约成交的总数量。成交量的计算公式：成交量＝买进合约数量＋卖出合约数量。买进合约数量和卖出合约数量不管是开仓还是平仓都计算在内，期货的最小交易单位是一张合约，"一张"即"一手"。成交量是已经成交的合约数量，计算买和卖双边数量，所以一定是偶数。比如 A 交易者在 2578 元的价位买入 10 手（10 张合约），B交易者在 2578 元的价位卖出 10 手，假设他们成交了，那么成交量就是 20手。在行情中同一个品种的不同月份合约分别计算自己的成交量，把每个月份的成交量加起来就是这个品种的总成交量。每日都有日成交量，每月都有月成交量。

成交量是一种供需的表现，当供不应求时，投资者都要买进，成交量自然放大。反之，当供过于求时，市场冷清，成交量势必萎缩。

2. 成交量技术指标VOL

成交量技术指标 VOL 主要看 K 线的成交量，如图 4-1 所示，底部的柱形越高，表示成交量越大，市场投资者越活跃。

图 4-1　成交量技术指标 VOL

4.2　持仓量

1. 持仓量的定义

在期货市场中，持仓量指在交易收盘时所有未结清的买进合约或卖出合约的数量，是指单边的量，而不是买进合约和卖出合约数量的总和，这一点与成交量的定义有所区别。持仓量的计算公式：持仓量＝未平仓的买进合约数量＋未平仓的卖出合约数量。持仓量一般都是偶数，通过分析持仓量的变化，可以分析市场多空力量的大小、变化及多空力量的更新状况。

2．持仓量指标OI

持仓量指标 OI（Open Interest，又被称为"持仓兴趣"）用来反映当前市场多空力量的情况，即通过分析持仓量的变化来分析市场中多空力量的大小、变化及多空力量的更新状况。持仓量指标 OI 是期货交易中的重要技术分析指标之一，如图 4-2 所示。

图 4-2　持仓量指标 OI

现在用于期货交易的两个常用的软件分别是"博易大师"和"文华财经"，这两个软件所展示的成交量和持仓量的形式不同："博易大师"软件将成交量指标和持仓量指标分开展示，不能叠加在一起；而在"文华财经"软件中，成交量指标和持仓量指标被叠加在一起展示，如图 4-3 所示。

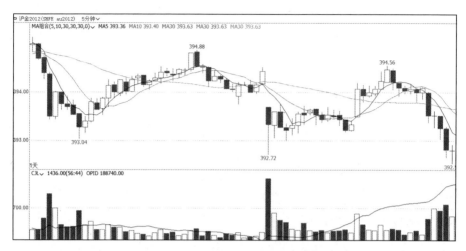

图4-3 "文华财经"软件的成交量指标和持仓量指标

笔者在进行主观交易时使用"博易大师"软件较多,在进行程序化交易时使用"文华财经"软件较多。在主观交易中使用"博易大师"软件时,在 K 线图中利用持仓量和成交量来分析行情的情况比较少,经常利用分时图中的成交量和持仓量来分析行情,而且分时图中的成交量指标和持仓量指标的表现形式更直观,如图4-4所示。

图4-4 分时图中的成交量指标和持仓量指标

4.3 "价、量、仓"三者之间的关系

成交量指标和持仓量指标在期货交易中很重要，它们是引起合约价格变化的根本原因。价格的上涨和下跌不是靠某一个指标的金叉和死叉决定的，而是通过资金的推动发生变化的。在软件中，资金的表现形式就是成交量和持仓量，这就是笔者所说的"价行量先"，即先有资金的变化（也就是量能），后有价格的上涨和下跌。当行情"走"出来后，才有指标的金叉和死叉，这也是指标总是滞后的最根本的原因。期货市场包含 3 个要素：价格（价）、成交量（量）和持仓量（仓）。下面介绍"价、量、仓"常见的 8 种形态组合。

1. 成交量增加，持仓量增加，价格上涨

该组合表示市场活跃，多方力量大于空方力量，虽然多空双方都在增仓，但新进入的多方多为主动增仓，这表明看多者对后市行情的上涨较为乐观，而空头的力量进场的意愿不那么坚决和积极，否则也不可能让多头力量推着行情走。

此种情况在期货走势中最常见，多发生在单边行情的开始时期，尤其是在行情已经长时间筑底，价位处于相对低位震荡之中时。多空双方对后市的严重分歧形成市场中资金的比拼，但价格在此时还未形成明确的趋势方向，此时的价格上涨只是多头刚刚进入而已。价格波动快速而频繁，才能使短线投资者有足够的获利空间。此时，成交量的增加是短线资金的积极进出而产生的，持仓量的增加则显示了多空能量的积蓄。在此情况下，可以从盘面上感受到多空力量强弱的变化，同时结合前期行情的走势判断行情的变化方向。

温馨提示：笔者本想用分时图给读者做图例，但是分时图太大，所以使用 1 分钟 K 线图来展示，这样价格走势、成交量、持仓量的体现更加直观。

如图 4-5 所示为甲醇 2009 合约 1 分钟 K 线走势图，价格上涨，成交量和持仓量也同步增加，这是投资者最想要的上涨行情，在这段行情中多方力量大于空方力量，就好比拔河比赛，双方都在用力，但是方向肯定偏向力气大的一方。同样的，多空双方都在增仓，多方主动增仓要明显大于空方主动增仓，这表明看多者对后市行情的上涨较为乐观，而空头力量进场的意愿不那么坚决和积极，否则行情不会是单边的上涨。

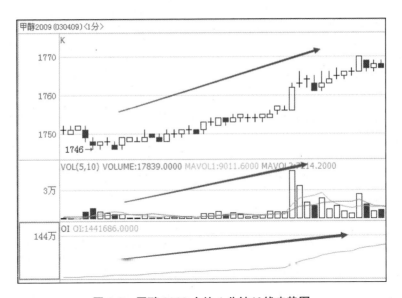

图 4-5 甲醇 2009 合约 1 分钟 K 线走势图

如图 4-6 所示为沪铜 2007 合约 1 分钟 K 线走势图，价格在一路上涨的同时，成交量和持仓量也同步增加。此时多空双方都有进场，但是多头能量明显大于空头能量，这表明多头的信心足，空头的信心不足，此时可以进场做多，如果此次价格上涨是波浪理论的一浪上涨就更好了。进场后，只要成交量和持仓量继续保持放大，多单就可以一直持有。同时，结合大

趋势的方向来判断，如果大趋势的方向也是上涨的，那么行情走出阶段性
上涨的可能性就更大了。

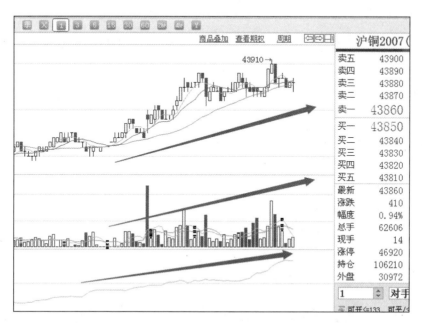

图 4-6　沪铜 2007 合约 1 分钟 K 线走势图

　　如图 4-7 所示为白糖 2009 合约 1 分钟 K 线走势图，价格在上涨，成交
量和持仓量也在同步增加。对于这种行情，笔者的操作思路是，当价格回
调到支撑位时进场做多，比如回调到前期的次高点、均线的支撑点、前期
横盘整理的上沿等。同时，要结合 K 线形态、均线形态，以及多周期和关
联品种的联动完成进场，进场的条件越充分，进场点的共振越多，进场的
成功率就越大。如果价格完成了筑底，且此波上涨是波浪理论的一浪上涨，
那么很有可能之后还会有三浪、四浪上涨，甚至单边上涨行情。投资者在
做期货技术分析时，一定不要只用单一的技术来判断进场点，否则会分析
得不够全面。

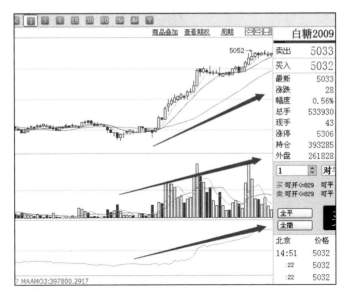

图 4-7　白糖 2009 合约 1 分钟 K 线走势图

2. 成交量减少，持仓量减少，价格上涨

这个组合表示多空观望气氛均浓厚，双方均减少了交易量，持仓量减少而价格上涨说明期货空方认输，此次行情的上涨是空头平仓导致的价格上涨。上涨的动能一般分为多头进场和空头平仓两种。前面讲的第一种形态组合就属于多头进场的上涨，这种上涨可以积极买进，因为行情后面上涨的概率大。当出现空头平仓导致的价格上涨时，我们就要谨慎做多了，虽然空方主动平仓，但其较为理性，没有恐慌性平仓，而是寻求理想的价格平仓出场，因此价格多为缓慢上涨。单纯的空头平仓导致的价格上涨不足以支撑价格的持续上涨，后市还要看多头能否积极进场，若多头能积极进场，则后市出现持续性上涨的概率较大。由成交量和持仓量减少而导致的价格上涨，需要谨慎做多。

如图 4-8 所示为 IH2007 合约 1 分钟 K 线走势图，单看价格走势可以看出是单边的上涨行情，再看一下此波上涨行情的成交量和持仓量的变化。

在行情上涨的同时，成交量和持仓量是同步减少的。这种行情的上涨就属于第二种形态组合：空头平仓导致的价格上涨。如果后市多头不能积极进场，那么行情没有量能的支撑，最终还是会以下跌为主，因此需要谨慎做多。

图 4-8　IH2007 合约 1 分钟 K 线走势图

如图 4-9 所示为锰硅 2009 合约 1 分钟 K 线走势图，价格一路上涨，但是成交量和持仓量却不能同步增加，这种就是典型的空头平仓导致的价格上涨，这种价格上涨一般都比较缓慢，因为多头主力并没有真正进场，上涨的动能主要来源于空头平仓。在这个"价、量、仓"的组合中，空头平仓主要有两个原因：第一，价格在经过了一波下跌后，一些空头获利了结，这种获利了结的空头主要以机构空头为主；第二，散户的空单止损，这些做空的散户投资者就是俗称的"跟风盘"，这类投资者基本上不懂技术，跟风进场，做空后才发现将价格卖在了"地板上"，当行情上涨后就开始止损。笔者一般不做这种上涨行情，什么时候交易要看多头是否进场，而判断多头是否进场要看随着行情的上涨，持仓量能不能增加。

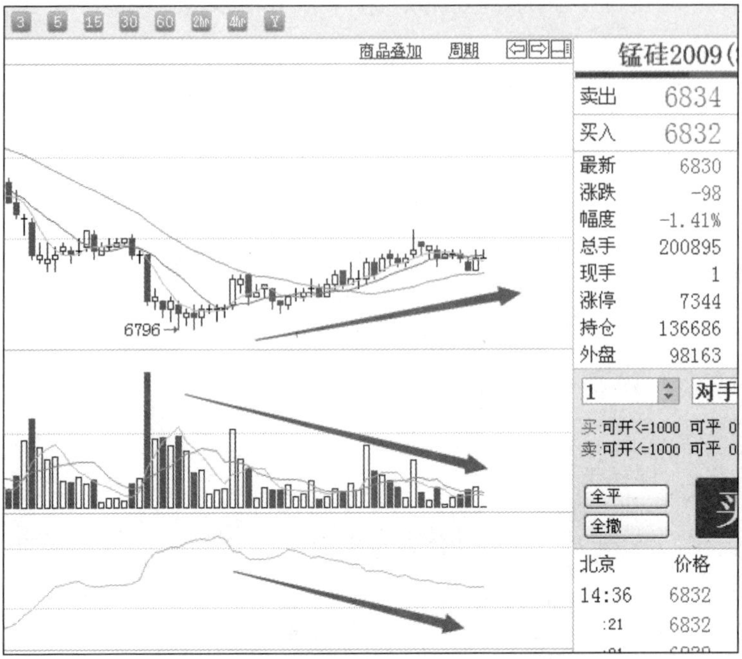

图 4-9　锰硅 2009 合约 1 分钟 K 线走势图

　　如图 4-10 所示为沪锌 2007 合约 1 分钟 K 线走势图，同样出现了价格上涨但成交量和持仓量同步减少的情况，刚刚在讲锰硅 2009 合约 1 分钟 K 线走势图实例的时候说过，这种上涨行情基本上都是空头平仓导致的，上涨的动能不能持续。经常有投资者和学员问笔者：有时候价格上涨，成交量和持仓量均减少，但是价格可以上涨一天甚至很多天，这是为什么？这种行情一般在换月的时候会出现，比如原来的主力合约快到期了，资金就会从主力合约往次主力合约过渡，这就是俗称的"换月"，在这种特殊时期，原来的主力合约会有价格上涨一天或很多天的情况，但是成交量和持仓量每天都在减少，此时，如果做原主力合约就不要用"价、量、仓"组合来分析行情了，建议以做次主力合约为主。

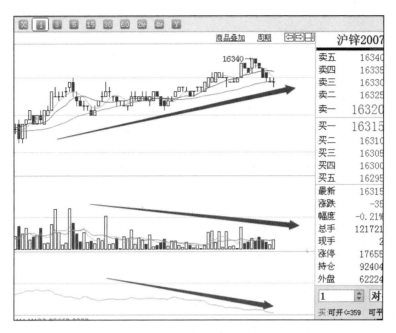

图 4-10　沪锌 2007 合约 1 分钟 K 线走势图

3．成交量增加，持仓量减少，价格上涨

该"价、量、仓"组合表示空方主动平仓，成交量增加。这种情况一般发生在一波行情的中间，并且伴有多杀多、空杀空的现象。由于行情有利于多空其中的一方，因此相反的一方纷纷出逃，持仓量逐步减少。价格的快速波动为短线炒作提供了良机，因此短线资金积极介入，成交量并未减少。有时短线交易量的增加会掩盖长线资金的出局，使得持仓量减少的趋势并不明显。在这种情况下，可能会伴有中期反弹行情，行情反弹剧烈，会给人一种转势的感觉，但是如果大趋势还是空头行情，那么此时的价格上涨有可能只是昙花一现。

当这种组合出现在价格底部时，行情往往会出现小幅上涨，因为价格下跌到底部，空方心态较好，不会大力打压价格，价格会有些许上涨，但多方情绪较低迷，价格并不会被抬升太高。若这种组合出现在顶部，则表明空头止损行为明显，追着价格平仓，而多头只是在高位挂单被动平仓，多方主动打压的力量相对较小，后市下跌的概率较大。

如图 4-11 所示为菜粕 2009 合约 1 分钟 K 线走势图，价格上涨、成交量增加，但是持仓量一直在减少，这就是笔者在前文讲过的因空方主动平仓导致的价格上涨。成交量的增加导致经常出现多杀多、空杀空的现象。什么是多杀多、空杀空？直白一点的解释就是原先积极看多的投资者反手做空，加入空头阵营，这叫作多杀多；原先积极看空的投资者反手做多，加入多头阵营，这叫作空杀空。其实就是喜欢频繁交易的投资者在市场中来回做多、做空，还有一部分做高频交易的投资者做超短线交易，所以成交量很大，但是整体持仓量不会有太大的变化。笔者一般会针对这种"价、量、仓"组合行情做日内交易，但是不会轻易持仓隔夜。

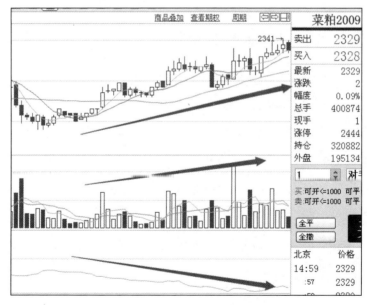

图 4-11　菜粕 2009 合约 1 分钟 K 线走势图

如图 4-12 所示为橡胶 2009 合约 1 分钟 K 线走势图，价格上涨、成交量增加，但是持仓量减少。一定要看清此次价格上涨处在整体趋势的位置，防止行情下跌，因为没有多头进场的价格上涨很难持续。

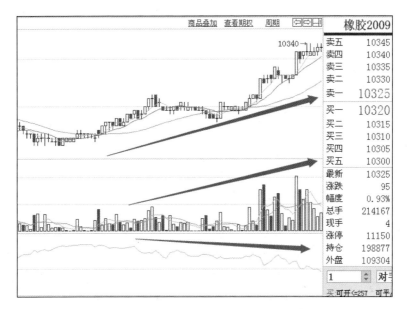

图 4-12　橡胶 2009 合约 1 分钟 K 线走势图

4．成交量减少，持仓量增加，价格上涨

这种"价、量、仓"组合表示多空双方观望气氛浓厚，双方均减少了交易量，持仓量增加而价格上涨表明多方主动开仓的行为比较明显。虽然多方对后市行情的表现较为乐观，但交易意愿不足，这同样表明多方把握并不大，虽然后续也会出现价格上涨，但上涨幅度可能不如第一种"价、量、仓"组合的上涨幅度大。

这种"价、量、仓"组合往往是大行情来临的前兆，此时多空双方的力量和市场外部因素的共同作用使市场在动态中达到了一种平衡。成交量减少是因为价格波动区间逐步平稳，使短线交易无利可图，但持仓量的增加意味着多空双方对市场后续行情的看法分歧加大，双方的资金对抗逐步升级。由于多空双方对市场行情看法的分歧结果并未明朗，因而多空互不让步，纷纷加仓，无一方愿意率先打破僵局，都在等待最后的突破。这种行情一旦爆发，就会有中级行情出现，因此投资者应做好资金管理工作。

如图 4-13 所示为螺纹 2010 合约 1 分钟 K 线走势图，价格一路上涨，但成交量在减少，这意味着做短线交易的投资者无利可图，减少了交易量。但是持仓量在增加，意味着多空双方对市场行情看法的分歧加大，都看好后市行情，资金对抗逐步升级。

图 4-13　螺纹 2010 合约 1 分钟 K 线走势图

如图 4-14 所示为玻璃 2009 合约 1 分钟 K 线走势图，价格上涨、成交量减少，但是持仓量增加。从成交量和持仓量的分歧可以看出，多空双方都有进场，但还是以多头力量为主，这样就出现了持仓量增加、价格上涨的态势。成交量减少表明多空对后市行情的走势都比较谨慎，都是试探的态度。多空双方的这种交易思路就导致了持仓量增加、成交量减少，但是一定记住，若多空能量聚集过多，则随时可能出现暴涨或暴跌行情。此时投资者应看清玻璃 2009 合约的大趋势，如果大趋势是向上的，那么合约价格上涨的概率就会大于价格下跌的概率。

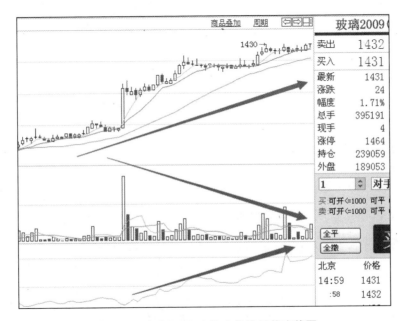

图 4-14　玻璃 2009 合约 1 分钟 K 线走势图

　　如图 4-15 所示为燃油 2009 合约 1 分钟 K 线走势图，也出现了和玻璃 2009 合约一样的"价、量、仓"组合走势，出现这种行情要提高警惕。这种"价、量、仓"组合可以在关键点位设置条件单，但是仓位不易过重，轻仓进场即可，当行情真正走出来后再逐步加仓。如果大趋势是向上的，那么就尽量以做多为主，因为做多的胜算要明显大于做空的胜算。

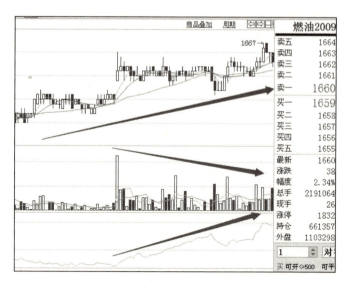

图 4-15　燃油 2009 合约 1 分钟 K 线走势图

5. 成交量增加，持仓量增加，价格下跌

这种"价、量、仓"组合多空双方均增加了仓位，但空方主动性增仓的行为较为明显。这也表明空方相较多方态度坚决，空头对后市行情继续下跌的把握较大。同时，多方不愿认输，也在低位抄底反抗，因此在这种"价、量、仓"组合出现后，如果行情反应过度，价格在短期内下跌幅度过大，就会引发多方加大进场力度，也会吸引短线交易者介入，再叠加空方的止盈离场，在这种情况下行情出现 V 型反转的概率较大。出现这种"价、量、仓"组合的早期是可以跟进做空的，后期需要小心趋势的反转。

如图 4-16 所示为苹果 2010 合约 1 分钟 K 线走势图，价格从最高点 8169 点一路下跌，在行情下跌的同时，成交量和持仓量却在不断增加。成交量的增加意味着多空双方都有进场，但是空方进场比多方进场坚决一些，空头对后市行情继续下跌的把握较大。同时多方也不愿认输，在低位抄底反抗，此时出现 V 型反转的概率较大。投资者在早期是可以跟进做空的，但是如果行情已经走完了五浪下跌，那么趋势反转的可能性就很大，所以一定要准确判断此时的下跌处在波浪理论的什么位置。

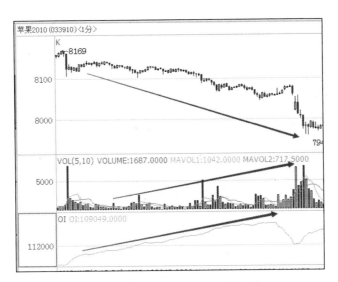

图 4-16 苹果 2010 合约 1 分钟 K 线走势图

如图 4-17 所示为动力煤 2009 合约 1 分钟 K 线走势图,价格在下跌,成交量和持仓量却都在增加,如果这种"价、量、仓"组合在行情的初期,就一定要积极进场,而且不要犹豫,犹豫容易错过行情。在做期货交易的时候,如果遇到进场信号,就把自己当作执行信号的工具。也就是说,在交易的时候不要夹杂太多的人性弱点,把自己当作进场信号的执行工具即可。

期货市场中只有做到这种"忘我",才可能做好期货交易。如果投资者在做期货时参杂着太多的人性弱点("怀疑""恐惧""贪婪"等),那么永远无法做好期货。行情的初期是波浪理论的第一波行情,要在此时第一时间进场,进场后马上跟进止损单。如果行情已经走完了五浪,就不要盲目跟进了。

如图 4-18 所示为鸡蛋 2007 合约 1 分钟 K 线走势图,价格在下跌,成交量和持仓量却都在增加。鸡蛋 2007 合约的 1 分钟 K 线走势和动力煤 2009

合约的 1 分钟 K 线走势不同，动力煤 2009 合约行情刚刚开始下跌，此时要进场做空，因为下方的空间值得我们去交易，但是鸡蛋 2007 合约行情已经下跌了很多，此时再盲目地进场做空很容易卖在"地板"上。因此，在利用"价、量、仓"组合进场的时候，一定要结合波浪理论的原理。

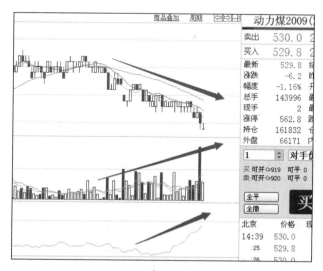

图 4-17　动力煤 2009 合约 1 分钟 K 线走势图

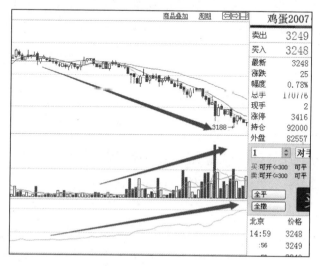

图 4-18　鸡蛋 2007 合约 1 分钟 K 线走势图

6. 成交量减少，持仓量减少，价格下跌

这种组合表明多空双方均减少了交易量，倾向于观望市场，价格下跌主要是由多方主动平仓导致的。成交量减少表明多方平仓较为理性，没有恐慌性平仓，而是在寻求理想的价格平仓出局，因此行情多为平缓下跌，且出现持续性下跌的概率较大。

此种情况多发生在一波行情快要结束时，成交量和持仓量同步减少，表明多空双方或其中一方对后市行情失去信心，资金正逐步退场。如果这种情况持续发展，就会为新资金的进入提供有利的条件，成为变盘的前兆。由于成交量和持仓量都比较小，因此行情容易受外界因素的影响，价位波动的随意性很大，会给投资者造成不必要的损失。

如图 4-19 所示为焦炭 2009 合约 1 分钟 K 线走势图，价格从最高点 1958.5 点开始下跌，成交量和持仓量也在同步减少，意味着市场多空双方对后市行情失去信心，都在选择合适的价格平仓出局，资金正逐步退场。当成交量萎缩到"地量"的状态时，也是新行情来临的开始。由于成交量和持仓量都比较小，导致很少的资金进场就会对价格产生很大的波动。如果这种情况持续发展，会为新资金的进入提供有利的条件，成为变盘的前兆。

如图 4-20 所示为动力煤 2009 合约 1 分钟 K 线走势图，如果价格在上涨到一定高点后开始下跌，成交量和持仓量同步减少，那么这就是一个典型的多头主动平仓的下跌形态。此时的价格下跌还是比较理性的，但是随着多头资金平仓不断地增加，空头资金也会随着价格的下跌而不断进入，就很容易出现价格加速下跌的情况。如果是在连续上涨行情的顶部出现这种情况，那么将有连续几波的下跌行情。

图 4-19　焦炭 2009 合约 1 分钟 K 线走势图

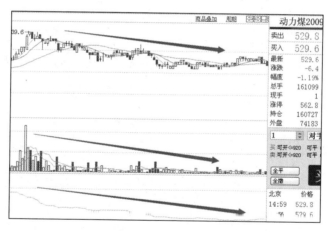

图 4-20　动力煤 2009 合约 1 分钟 K 线走势图

如图 4-21 所示为棉纱 2009 合约 1 分钟 K 线走势图，价格一路上涨，最高涨至 19 485 点，然后开始缓慢下跌，在价格下跌的同时，成交量在萎缩，持仓量也在减少。其实棉纱 2009 合约的走势和动力煤 2009 合约的走势基本一样，建议投资者在行情顶部交易，因为下跌的可能性大，并且下跌的空间也大。如果行情已经走完了五浪下跌，则不建议投资者再盲目地看空。

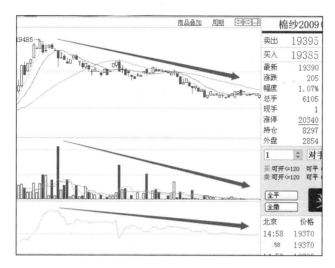

图 4-21　棉纱 2009 合约 1 分钟 K 线走势图

7．成交量增加，持仓量减少，价格下跌

这种组合表明多空双方对交易的兴趣较浓，但空方不愿意继续增仓。通过之前讲过的下跌的动能一个是空头进场、另一个是多头平仓可以看出，此"价、量、仓"组合里的持仓量减少多为多头平仓导致。因此，在价格大幅下跌到一定位置（比如重要的整数关口、均线的支撑位等）后，持仓量不再减少。一旦发现持仓量增加，就是多头打算重新进场的时点，价格出现反弹的概率较大。注意，这里说的是反弹而不是反转，具体能不能反转要看多头资金的持续性。

如图 4-22 所示为硅铁 2010 合约 1 分钟 K 线走势图，价格开始下跌，成交量的增加说明多空双方都比较活跃，但是持仓量的减少又说明虽然多空双方交易比较活跃，但是在进场后都以快进、快出的短线交易为主，持仓的意愿不强烈。此波行情下跌是多头平仓导致的，于是就出现了成交量增加，但是持仓量反而减少的"价、量、仓"组合行情。如果在阶段性的底部多头资金能够增加，则可能会有一波上涨行情。

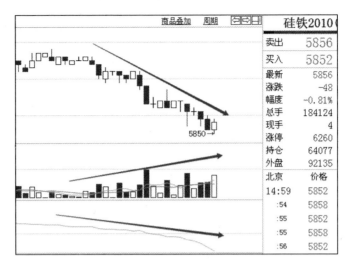

图 4-22　硅铁 2010 合约 1 分钟 K 线走势图

如图 4-23 所示为白银 2012 合约 1 分钟 K 线走势图，价格下跌，成交量增加，持仓量急剧减少，这种价格下跌是典型的因多头大量平仓导致的。当发现持仓量不再减少，而是向上不断增加时，行情也就开始止跌了，甚至可能会迎来一波反弹行情，但是不代表行情的反转。

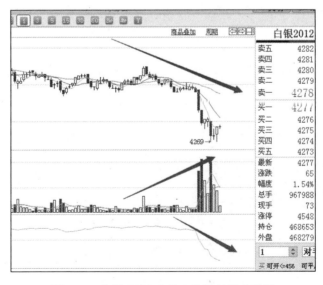

图 4-23　白银 2012 合约 1 分钟 K 线走势图

如图 4-24 所示为黄金 2009 合约 1 分钟 K 线走势图，价格在跌到阶段性的底部后，成交量有所增加，意味着多空双方都对黄金合约的未来走势比较关注，都看好后市行情。可以发现，行情在底部不再下跌，而是出现了横盘整理，且在整理到一定阶段后持仓量开始增加，那么就意味着多头开始尝试着进场，可能会出现一波反弹行情。

总结一下此"价、量、仓"组合：成交量增加，持仓量减少，价格下跌，后市可能转为反弹上涨行情，多头的量能决定了行情上涨的持续性，多头的量能大，就有可能出现一波阶段性上涨的一浪行情。

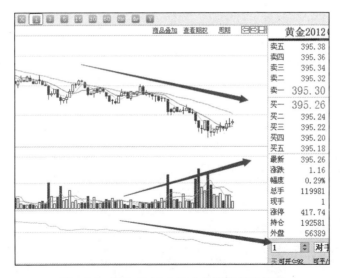

图 4-24　黄金 2012 合约 1 分钟 K 线走势图

8．成交量减少，持仓量增加，价格下跌

这种组合表明多空双方均减少了交易量，都持观望态度，但空头还是看好后市的，主动加仓多于多头加仓。这说明空方对后市继续下跌的把握并不大，虽然行情后续也会出现下跌，但下跌的概率可能不及第 5 种"价、量、仓"组合出现下跌的概率大。

如图 4-25 所示为燃油 2009 合约 1 分钟 K 线走势图,价格最高涨至 1732 点后开始下跌,在行情下跌的过程中,成交量减少,但是持仓量增加。成交量的减少意味着市场多空双方观望情绪比较浓厚,但是从持仓量的增加可以看出,仍有少量的投资者看好后市行情,选择了谨慎进场,在这些少量进场的投资者中空方略多于多方,所以出现了价格下跌、成交量减少、持仓量增加的"价、量、仓"组合方式。因为空头进场比较谨慎,所以行情整体还是以下跌为主的。

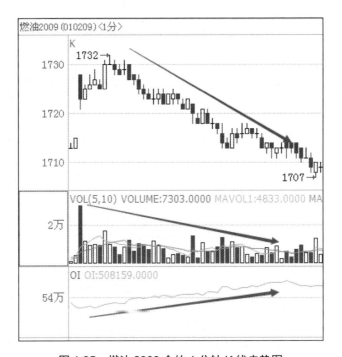

图 4-25　燃油 2009 合约 1 分钟 K 线走势图

如图 4-26 所示为五年国债 2009 合约 1 分钟 K 线走势图,价格持续下跌,成交量减少,但持仓量在持续增加。价格下跌、持仓量增加是一个典型的空头少量进场的形态,而成交量的减少又说明空头进场不够坚决。如果此时价格处在行情的高位,那么出现一波阶段性的下跌行情的可能性极大。

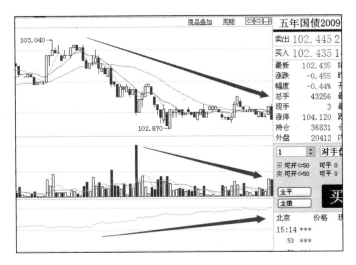

图 4-26　五年国债 2009 合约 1 分钟 K 线走势图

如图 4-27 所示为沪铜 2007 合约 1 分钟 K 线走势图，成交量减少，持仓量增加，价格下跌，表明市场中的多空双方观望情绪浓厚，虽然整体来看空头量能大于多头量能，但是空头信心不足，行情后续可能会出现下跌，但下跌的概率不及成交量增加、持仓量增加、价格下跌这种"价、量、仓"组合出现下跌的概率大。

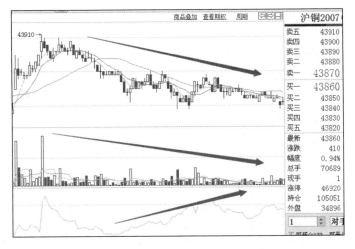

图 4-27　沪铜 2007 合约 1 分钟 K 线走势图

总结一下此"价、量、仓"组合：成交量减少，持仓量增加，价格下跌，后势不定。结合前期行情，如果大趋势是下跌的，那么后市下跌的可能性就大，笔者做这种行情一般都会结合大趋势来做，顺着大趋势的方向做空。

4.4 成交量良性运行模式

笔者认为，如果一波上涨行情的成交量放大，在价格回调的时候成交量缩小，那么这就是一个理想的上涨行情的态势；如果一波下跌行情的成交量放大，在价格反弹的时候成交量缩小，那么这就是一个理想的下跌行情的态势。我们在交易的时候无论做多还是做空，当然都希望有成交量的配合，如此上涨行情和下跌行情才能持续。

如图 4-28 所示为铁矿石 2009 合约 1 分钟 K 线走势图，在价格上涨的同时，成交量也随之增加，这次价格上涨就是真实的量能推动的结果，在价格出现回调时成交量也随之减少，这种上涨行情通常都是良性的。若价格和成交量相互配合，持仓量也不断增加，那么进场做多的胜算较大，"价、量、仓"的配合在任何周期中都适用。

如图 4-29 所示为 PTA2009 合约 1 分钟 K 线走势图，可以看到，每一次的价格下跌都伴随着成交量的增加，每一次的价格反弹也都伴随着成交量的减少，这就意味着价格的下跌是由空头量能推动的，同时持仓量能够同步增加，这种情况下进场做空将有不错的收益。但是一定记住，尽量在行情刚刚启动时进场，若行情已经走完五浪，就不要再盲目追空了。

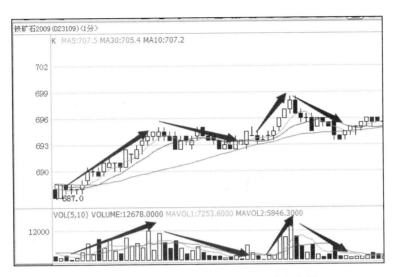

图 4-28　铁矿石 2009 合约 1 分钟 K 线走势图

图 4-29　PTA2009 合约 1 分钟 K 线走势图

　　如图 4-30 所示为 IC2007 合约分时走势图，可以看到第 1 个方框和第 2 个方框中的价格上涨，成交量也随之增加，虽然第 3 个方框中的价格也是上涨的，但是成交量不能随之有效地增加，意味着第 3 波价格上涨的动能不足，此次价格上涨有可能是昙花一现。行情走势也告诉我们，在第 3 波上涨行情中，价格还没上涨到前期高点就掉头向下了。如果在实际交易中发现价格上涨，但是成交量不能同步增加，就不要盲目地看多，因为行情上涨必须要有量能的配合。

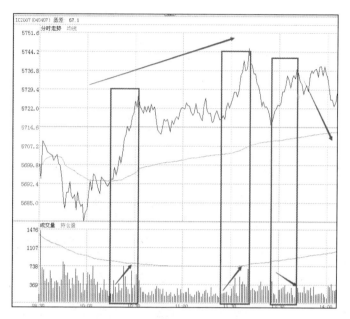

图 4-30　IC2007 合约分时走势图

4.5　通过持仓量判断日内高低点

既然持仓量是期货市场的三要素之一，那么必然有它的用处。就笔者的经验来说，使用持仓量可以判断日内的高低点，如果在一波上涨行情中，持仓量持续增加，在相对的高点持仓量开始萎缩，并且一直减少，那么这个高点就有可能是日内的高点；相反，如果在一波下跌行情中，在低点持仓量开始萎缩，那么这个低点就有可能是日内的低点。

如图 4-31 所示为沪铅 2007 合约分时走势图，开盘后行情非常强势，我们从走势图下面的成交量和持仓量数据上也不难发现，成交量还算配合，价格上涨时成交量增加，持仓量也一直同步地增加，但是当价格再次冲击前高点后（方框处），成交量和持仓量都不能继续增加，反而出现了成交量和持仓量同步减少的情况，这个时候就要警惕了，如果发现价格在成交量和持仓量都不能有效增加的情况下，冲击前高未果，那么这个高点就有可能是今天日内的高点。

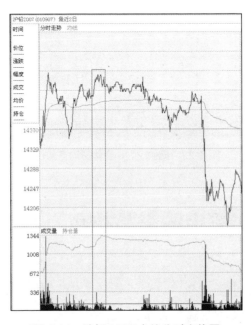

图 4-31　沪铅 2007 合约分时走势图

如图 4-32 所示为螺纹 2010 合约分时走势图，开盘后价格一路下跌，持仓量同步增加，但是当价格创新低后，持仓却不能继续增加（方框处），那么这个低点就有可能是今天的日内低点。通过这种日内持仓量的变化，我们可以简单地判断当天可能出现的日内低点和日内高点，但是期货技术只有相对性、没有绝对性，不能盲目地套用，要将多种技术结合，比如谐波交易技术、K 线反转形态技术、波浪理论技术等，多技术的配合使用来识别阶段性的底部或顶部能大大增加我们进场的成功率。

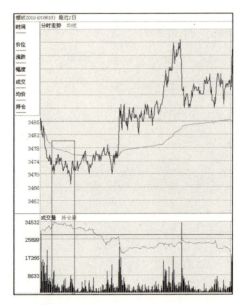

图 4-32　螺纹 2010 合约分时走势图

4.6　地量实战中的交易技巧

　　地量就是期货市场交易比较少，多空双方都保持着观望的态度，成交量萎缩的一种极端表现。成交量创出较长时间段内的最低水平，说明绝大部分投资者对市场后期走势认同度非常高。期货市场有句俗语："地量出地价"。出现地量之后，如果价格处在一个相对的低位，往往意味着新的进场做多时机的来临；出现地量之后，如果价格处在一个相对的高位，往往意味着新的进场做空时机的来临。地量持续的时间越久，再次出现行情的可能性越大，并且地量持续的时间越久，行情再次启动后上涨或下跌的持续性越长。

　　如图 4-23 所示为液化气 2011 合约 5 分钟 K 线走势图，价格经过了阶段性的下跌后，出现了横盘整理，同时不难发现成交量出现了地量（两个圆圈处），地量的出现就意味着多空双方都保持着观望的态度，期货市场交易量比较少。地量的出现有可能导致地价的出现，价格在相对低位横盘整理，行情虽有时出现反弹现象，但是由于没有量能的配合，很难出现阶段性的上涨。如果价格处在较低的价格区间，并且出现长时间的地量，那么就要留意了，一般地量加地价经常是上涨行情来临的前兆。

图4-33 液化气2011合约5分钟K线走势图

如图4-34所示为白糖2009合约5分钟K线走势图，价格在较低的价格区间出现了横盘整理，同时成交量也出现了地量（圆圈处）。价格低位横盘整理的同时出现地量，投资者一定要重点关注此类品种，当发现价格向上突破横盘整理上沿且成交量放量（方框处）时，就可以在第一时间进场做多。当行情横盘整理出现地量的突破或者跌破时，成交量能够有效地增加，上涨或下跌的概率非常高。横盘整理的时间越久，行情启动后上涨的空间越大、时间越长。

图 4-34　白糖 2009 合约 5 分钟 K 线走势图

　　如图 4-35 所示为玻璃 2009 合约 5 分钟 K 线走势图，玻璃 2009 合约的走势和白糖 2009 合约的走势有一些不同，白糖合约是在横盘整理时出现地量，而玻璃合约是在阴跌的过程中出现地量（圆圈处），地量的出现意味着期货市场交易量减少，如果此时有资金积极进入，就有可能是一波行情的开始。换句话说，地量是一波行情的终结，同时也是一波行情开始的前兆。

图 4-35　玻璃 2009 合约 5 分钟 K 线走势图

4.7 天量实战中的交易技巧

　　什么是天量？天量指市场多空双方交易非常活跃，成交量创出较长时间段内的最高纪录，说明绝大部分投资者对市场后期走势认同度非常低。天量的特征正好和地量的特征相反，是放量的一种极端表现形态。有一句俗话"天量出天价"，意思是如果价格在上涨中期或中长期的顶部，则往往是短线做空的时机。

　　如图 4-36 所示为 IH2006 合约 5 分钟 K 线走势图，价格急剧拉升的同时出现了天量（圆圈处）。这个天量有两个特征：（1）这个天量是最近一段行情中出现的最大成交量；（2）这个天量过后，在短期内很难再有这么大的成交量超越它。如果随着价格的急剧拉升出现了天量，后面价格出现了回调后的上涨，成交量不能超越这个天量，那么这个急剧拉升天量的高点就有可能是此波行情的高点。

图 4-36　IH2006 合约 5 分钟 K 线走势图

如图 4-37 所示为五年国债 2009 合约 5 分钟 K 线走势图，不难发现，随着行情每次急剧拉升后的大幅度放量（三个方框处），价格都出现了回调。如果价格想继续上涨，则一般情况下价格在突破前高点的同时，成交量也会大于前高点的成交量。如果出现了天价高点并且伴随着天量，接下来的价格无法突破这个高点，那么这个高点就有可能是近期的阶段性高点。这里请读者注意：天量和天价只是一个概念，天量后还可能出现天量，而天价也不是绝对的，新高后还会有新高，所以天量和天价只是针对某一段时间和某一段行情而言的。

图 4-37 五年国债 2009 合约 5 分钟 K 线走势图

如图 4-38 所示为沪锌 2008 合约 5 分钟 K 线走势图，每次价格急剧拉升的同时伴有天量（方框处），都出现在行情回调的时候。如果大趋势是上涨行情，小趋势中出现天量，则不建议投资者盲目做空；如果大趋势是下跌行情，小趋势中出现了阶段性的天量和天价，则可以尝试着做空，比如沪锌 2008 合约 60 分钟周期是下跌行情，而 5 分钟行情中出现了阶段性的天量和天价，完全可以进场做空。

图 4-38　沪锌 2008 合约 5 分钟走势图

4.8　天量做空技巧

什么时候出天量可以做空，什么时候出天量不可以做空呢？这应该是广大投资者最关心的问题了。在成交量达到天量的情况下，如果价格在前期涨幅较大，最好经过了三波的上涨行情，而当天分时图中的价格高位回落，那么做空交易的信号就非常明显了。这样一来，我们应该考虑在分时图中反转形态出现的时候做空。例如，当天分时图中的价格跌破均线，分时图中天量见顶的形态就是做空行情的重要标志。

　　如图 4-39 所示为纸浆 2009 合约 5 分钟 K 线走势图，不难看出价格已经连续上涨，伴随着天量出现了冲高天价，此时完全可以在行情的阶段性的五浪走完，并且出现天价和天量时进场做空，怎么操作呢？单纯地从 K 线图上看，如果价格能向下突破 30 日均线，就可以以 30 日均线的跌破为依据进场做空。同时，如果在分时图中，价格能向下突破均线，那就更应该做空了，分时图的配合会大大增加此次进场做空的胜算。

图 4-39　纸浆 2009 合约 5 分钟 K 线走势图

　　如图 4-40 所示为纸浆 2009 合约分时走势图，分时图中价格冲高回落，放量见顶迹象明显。仅仅从分时图中价格天量冲高见顶的走势和价格向下突破均线就很容易看出做空的信号。这里提醒读者，如果当天分时图中价格冲高回落后没破均线，第二天或夜盘开盘价格跌破均线，那么这种做空方法一样适用，交易的时候可以把几天的分时图走势连起来分析行情。

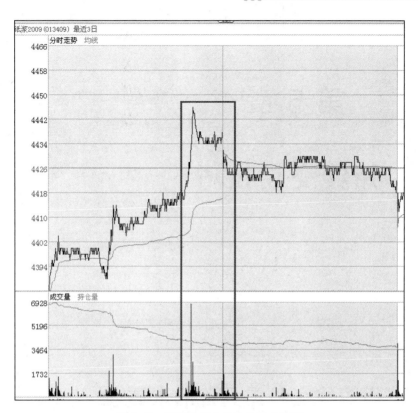

图 4-40　纸浆 2009 合约分时走势图

5

第 5 章

短线交易技巧

5.1 做短线交易需具备的素质

期货具有 T+0 双向交易机制，我们在做期货交易时不用像做股票交易那样每次交易都要经历两个交易日，期货交易机制让我们每天都可以完成多次交易。可以进行短线交易的次数多了，我们每天面对的机会也就多了，同时也能更好地利用资金。做期货短线交易的投资者所需要具备的素质，与做股票交易的投资者所需要具备的素质不一样。做股票交易，一天可交易的次数是有限的，而且当天的开仓不能平仓。而做期货短线交易，若刚刚进场后行情不配合，就可以出场，但这个过程非常考验投资者的心理素质、技术水平和超出常人的执行力。在期货市场，常常几秒钟就能让投资者从"天堂"到"地狱"，或者从"地狱"到"天堂"，那么做期货短线交易的投资者需要具备哪些素质呢？

（1）一定要有耐心。擅长做期货短线交易的投资者一般都比较沉稳，面对行情不急不躁，等待机会，机会来临后进场的时候也四平八稳。期货市场是一个没有硝烟的战场，进出场的机会并不多，真正有机会的行情只有 30%，70%的行情都在盘整，在 70%的行情盘整期间，投资者要做的就是等待。当然，这个"等"要通过技术手段找到"机会"，一旦行情符合进场条件，就应迅速出击，做到不攻则已，一击必中。

（2）不要过于自信。很多投资者可能在其他行业小有成就，就认为在期货行业一样可以成功，自信是好的，但是不要过于自信。期货交易的信心源自技术，有了技术才可能有发自内心的自信。在期货市场中过于自信是要付出代价的，市场一定会给你或多或少的惩罚。

（3）要遵守交易规则。开车要遵守交通规则，否则容易发生交通事故；期货交易也要遵守相应的交易规则，虽然违背交易规则不至于送命，但是会丧失交易信心、损失资金。做期货交易不能冲动，要清楚什么时候可以交易，什么时候不能交易。只做看得懂的行情，交易太随意是要付出代价的。因此，投资者在期货交易的过程中，一定要严格遵守交易计划及规则。

（4）要有良好的交易习惯。期货交易中一些良好的交易习惯必须经过很多次的交易才能养成。养成好的交易习惯，改正对交易不利的习惯，如将亏损单子加仓、死扛，以及没到进场条件也提前进场等都是不好的交易习惯。随着交易时间的增加，慢慢地改掉坏的交易习惯，好的交易习惯就会形成了。

（5）不要带着情绪交易。有时冲动的交易、鲁莽的交易会让投资者在交易中遭受毁灭性的打击。投资者每天的交易都要如履薄冰，要理性，千万不要带着情绪做交易。要记住，期货具有杠杆作用，容不得半点冲动，应该心平气和、严格按照自己的交易系统操作，控制亏损，赢得利润。

（6）接受止损是期货交易必须支付的成本。期货交易的三大成本是点差、手续费和止损。合理的止损是盈利的保证，是交易中的正常现象。止损没有对错之分，只有大小之分。

5.2 开盘半小时交易策略

笔者在做期货交易时有一个习惯，即无论是日盘还是夜盘，在开盘后的至少前 15 分钟都是观望的，为什么呢？因为无论是日盘的开盘价，还是夜盘的开盘价，都不能代表大多数人的意愿，很多投资者对这个开盘价并不认可。下面先来分析一下开盘价是怎样形成的。

目前，我国的期货加期权已经有了 70 个品种，开盘价的集合竞价都是在每个交易日的开盘前 5 分钟内进行的。其中，开盘前 4 分钟为期货合约买进价格指令、卖出价格指令申报的时间，开盘前 5 分钟为集合竞价撮合的时间，然后生成当天的开盘价。

我国各大期货交易所实行计算机自动撮合集合竞价，交易系统会自动控制集合竞价申报的开始和结束过程，并在计算机终端显示。有夜盘交易的品种在每天夜盘开盘前 5 分钟内进行集合竞价，白天不再进行集合竞价，而没有夜盘交易的品种在每天早上开盘前 5 分钟内进行集合竞价。

集合竞价遵循最大成交量原则，即以某价格成交能够得到最大成交量。低于集合竞价的价格的卖出申报会全部成交；高于集合竞价的价格的买入申报会全部成交；等于集合竞价的价格的买入申报或卖出申报，根据买入申报量和卖出申报量的多少，为确定有对手方的存在，按少的一方的申报量成交。

　　集合竞价所产生的价格针对所有的投资者，包括机构和散户，但是所有参与集合竞价的投资者并不一定都能够成交，交易所通常先撮合大单成交，然后撮合小资金的报单成交。笔者曾经尝试用两个账户同时参与集合竞价，两个账户参与同一个品种、同一个价格的多单集合竞价，参与手数多的账户的单子成交机会比较大，而且成交的点位也非常理想，而参与手数少的账户的单子成交机会就比较小，而且成交的点位也不如手数多的成交的点位好。

　　并不是所有参与集合竞价的投资者都能成交，并且喜欢参与集合竞价的投资者也是少数，开盘价并不能代表大多数投资者的意愿，所以开盘价并不被大多数投资者认可。比如，看多白糖合约的投资者 A 通过自己的分析判断当天的行情可能会上涨，并且投资者 A 理想的做多价格是 5200 元，如果开盘后的价格在 5200 元附近，就进场做多。既然有投资者看多白糖合约，也会有投资者看空白糖合约。比如看空白糖合约的投资者 B 通过自己的分析认为当天白糖合约的价格可能会下跌，投资者 B 理想的做空价格是 5000 元，如果开盘后白糖合约价格在 5000 元附近，就准备进场做空。当天白糖合约的开盘价是 5100 元，那么打算做多的投资者 A 非常开心，5100 元不仅符合他的预期，还多赚 100 元，于是一开盘就进场做多。打算做空的投资者 B 也非常开心，5100 元这个价格符合他预期的 5000 元这个点位，于是一开盘就立刻进场做空。

　　有以上想法的投资者在一开盘就纷纷抢进，拥有赌博心态的投资者也会在一开盘就抢进，想趁着开盘时波动剧烈而大赚一笔，这些力量导致很多品种在开盘后的一段时间内价格波动剧烈，成交量急剧增加。刚开盘的时候也是多空双方厮杀最激烈的时候，没有趋势方向可言，在多空双方还没分出胜负的时候就急于进场站队，胜算是很小的，所以建议读者在开盘后先观望，等行情趋于平稳了，再通过技术分析选择一个方向进场。每天刚开盘后的时段是风险最大的时段，一定要规避。

如图 5-1 所示为 PTA2009 合约分时走势图，图中的两个方框分别是夜盘开盘半小时的成交量数据和早上开盘半小时的成交量数据，这两个时间段的成交量比一天中其他时间段的成交量大很多，并且行情波动也非常剧烈，没有方向可言，投资者此时要做的就是观望，起码在开盘后 15 分钟内不要盲目进场。等行情趋于平稳，有了很好的进场参照物，比如出现了阶段性的高低点、典型的顶部 K 线反转组合等，再通过技术分析进场，这样的交易思路才可能让我们在期货市场上长期生存。

图 5-1　PTA2009 合约分时走势图

如图 5-2 所示为 IF2006 合约分时走势图，同样是刚开盘的半小时内成交量巨大，在多空双方没有分出胜负，并且没有明确趋势方向的时候，投资者不要轻易进场。如果把 10:15—10:30 停盘时间忽略掉，那么一天的交易时间是四小时，开盘后的半小时是四小时的八分之一，而开盘后半小时的成交量经常是一天成交量的五分之一，甚至四分之一以上，这么大的成交量意味着开盘后的半小时经常是一个密集成交区。开盘后我们先观望，当行情趋于平稳，并且形成了开盘后半小时的密集成交区后，就可以通过密集成交区分析出今天第一个进场机会。

图 5-2　IF2006 合约分时走势图

如图 5-3 所示为玉米淀粉 2009 合约分时走势图，开盘后的半小时行情属于横盘震荡走势，可以等到 9 点 30 分的时候，沿着开盘后半小时震荡行情的高低点各画一条水平线，当价格突破开盘后半小时内的高点，也就是突破上沿后，就可以进场做多。这就是开盘后半小时进场做多的策略：密集成交区的高低点一旦被突破或被跌破就是行情的启动点。但是一定要注意，开盘后的半小时行情必须是震荡行情，如果是单边行情就不要盲目套用了。震荡的空间越小，突破后行情走出来的机会越大。

图 5-3　玉米淀粉 2009 合约分时走势图

如图 5-4 所示为硅铁 2010 合约分时走势图，开盘后的半小时行情来回宽幅震荡，形成了宽幅震荡的高低点，这个时候我们要做的就是在高低点各画一条水平线，然后等待行情的突破或跌破，行情沿着高低点横盘震荡一天的可能性非常小，行情也不可能永久地不涨不跌，当行情向上突破开盘后半小时内的高点的时候（圆圈处），我们就可以进场做多，行情横盘得越久，突破后的行情持续得越久。

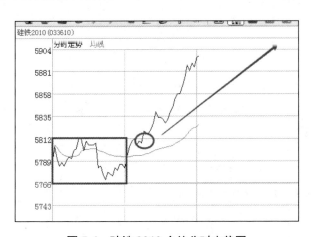

图 5-4　硅铁 2010 合约分时走势图

如图 5-5 所示为菜油 2009 合约分时走势图，价格经过半小时的震荡后趋于平稳，接着价格突破开盘后 30 分钟内的高点，这时我们就可以根据开盘后 30 分钟内的高点被突破进场做多。投资者在开盘半小时后就可以找这种震荡走势的品种，找到后沿着高低点各画一条水平线，价格突破高点或跌破低点就进场。这种进场方法简单、容易操作，长期坚持去做会有不错的收益。读者一定记着开盘半小时交易策略：密集成交区的高低点被突破或被跌破是行情启动的前兆。

图 5-5　菜油 2009 合约分时走势图

使用开盘半小时交易策略时需要注意，开盘不能是单边行情。很多行情在开盘后就开始单边，连续几根阳线上涨或连续几根阴线下跌就把一天的行情都走完了，这种行情不适合使用刚刚讲过的开盘半小时交易策略，因为开盘半小时交易策略的一个首要条件就是开盘后行情是震荡的，而且震荡得越小越好。

如图 5-6 所示为豆粕 2009 合约分时走势图，开盘后行情一路上涨，很多品种经常一开盘几根 K 线就把当天的行情走完了，这个时候很多投资者就盲目地以为这个品种开盘这么强，很可能是全天单边，于是盲目地进场追涨，结果进场之后行情震荡了一天，当然一天都是单边上涨行情也是有的，但毕竟是少数，大部分品种的行情都是一天大多在震荡。所以，如果某个品种当天开盘就是单边上涨行情或单边下跌行情，则不建议使用开盘半小时交易策略。

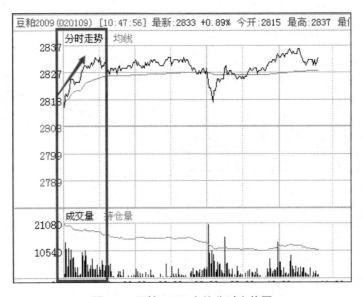

图 5-6　豆粕 2009 合约分时走势图

如图 5-7 所示为液化气 2010 合约分时走势图，第一个方框是前一天夜盘开盘后半小时的走势，第二个方框是当天早上开盘半小时的走势，可以看到，无论是夜盘开盘，还是日盘开盘，很多时候一开盘就是单边行情，几根 K 线走完后开始全天震荡，即使有行情也多是强弩之末。所以，开盘后半小时是单边行情的品种不要使用开盘半小时交易策略。

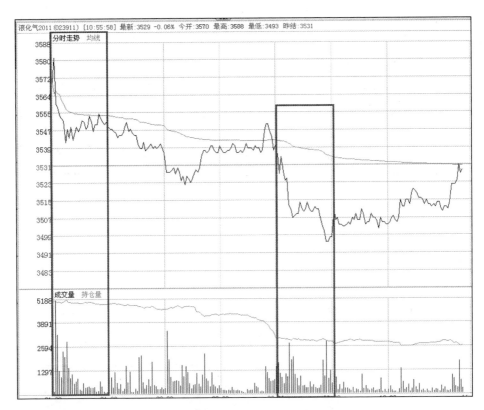

液化气2011 (023911) [10:55:58] 最新:3529 -0.06% 今开:3570 最高:3588 最低:3493 昨结:3531

图 5-7　液化气 2010 合约分时走势图

上面讲了开盘就是单边行情的品种不适合使用开盘半小时交易策略，还有一种情况也不适合使用开盘半小时交易策略，那就是开盘价开得太高或太低。开盘价在涨停板附近或开盘价在跌停板附近时，我们很难选择，比如开盘价接近涨停板，即使开盘后就横盘，符合开盘半小时的进场策略，但是上方空间没有多少了，突破开盘后 30 分钟的高点也没什么利润空间可言；而跌破开盘后 30 分钟的低点进场做空，若当天是高开高走，代表此品种行情非常强势，做空就可能是逆势操作。

如图 5-8 所示为五年国债 2009 合约 5 分钟 K 线走势图，当天的开盘价大幅低开，开盘价接近跌停板附近。这种开盘方式即使在开盘后出现了我们想要的开盘就是震荡行情，也不能依据开盘半小时交易策略进场。之前讲过，开盘价的产生代表着一定的含义，不是凭空出现的。开盘价是投资者通过集合竞价产生的，开盘价的低开意味着参与集合竞价的投资者中主动卖的要多于主动买的，换句话说就是参与集合竞价的投资者希望当天的行情以下跌为主，要不也不可能主动卖的多于主动买的。因此，开盘价的低开也是做空的依据之一。

图 5-8　五年国债 2009 合约 5 分钟 K 线走势图

在图 5-8 中，开盘价低开这么多，意味着当天做空的投资者意愿非常强烈，但是开盘价与跌停板价格非常接近，这种开盘行情向下走的空间非常小，打算做隔夜交易、波段交易、中长线交易的可以继续做空，做日内短线交易的不建议盲目追空。有的投资者可能会问：突破当天的高点做多呢？本身当天就是大幅低开，代表此品种行情非常弱势，从趋势上看肯定是下跌的，在下跌趋势中做多，有逆势交易的嫌疑，如果做，一定要当天获利了结，不建议隔夜持有。

如图 5-9 所示为铁矿石 2009 合约 5 分钟 K 线走势图，当天的开盘价大幅高开，开盘价接近涨停板附近。开盘后出现一个急跌后企稳，面对这种高开的行情，若做空，开盘价开得太高，做空的投资者心有余悸；若做多，上方没有多少利润空间。笔者遇到这种开盘方式大部分以观望为主，如果价格跌破当天的低点也会做空，当天赚点利润在收盘前平仓，不会隔夜长期持有。这种高开这么多的行情将止盈目标价位设置在前一天高点附近就可以了，不能贪，见好就收。

图 5-9　铁矿石 2009 合约 5 分钟 K 线走势图

5.3　盘中重要的压力位与支撑位的识别

压力位与支撑位是期货交易中重要的技术术语，当行情跌到支撑位的时候，通常都会有一个止跌筑底的现象，但是能不能反转要看接下来的行情怎么走；当行情上涨到一个压力位的时候，行情就有回调的需求。做期货不会判断压力位和支撑位，就很难知道行情阶段性的高点或阶段性的低点在哪里。

压力位和支撑位的作用就是阻止或暂时阻止价格向某个方向运行，如果有趋势的行情想要继续向着趋势的方向运行，就要冲破前方的压力位或支撑位。比如，要持续上涨，就要突破前面的压力位，创造出新的高点；要持续下跌，就要跌破前面的支撑位，创造出新的低点。由此可见，压力位和支撑位或早或晚有被突破的可能，压力位和支撑位不一定能阻止行情的上涨或下跌，但是能短暂地让行情停歇。

压力位是当上涨行情上涨到一定位置的时候，某个价格区间对上涨行情起到了压制作用，抑制了上涨行情的走势，我们称这个价格区间为压力位。支撑位是当行情一路下跌时，某个价格区间对行情起到了支撑的作用，影响了价格下跌的速度，我们称这个价格区间为支撑位。压力位和支撑位不是一个精确的价格，而是一个价格区间。下面笔者把期货交易中经常用作压力位和支撑位的价格区间给读者做详细的讲解。

1. 前期横盘整理的上下沿

前文在讲开盘半小时交易策略的时候，提到了开盘后半小时横盘整理的上下沿被突破或被跌破。横盘整理就是一个密集成交区，密集成交区的上下沿会对行情起到压制或支撑的作用。

如图 5-10 所示为菜油 2009 合约 5 分钟 K 线走势图，价格向上运行到一个阶段性的高点后，下跌形成了一个阶段性的低点，接着再次上涨，价格连续两次上涨都没有突破前期的高点，价格连续两次向下运行也没有跌破前期的低点，此时就出现了典型的横盘整理形态，行情进入了无趋势状态，此时我们要做的就是沿着横盘整理的高低点各画一条水平线，就得到了我们想要的横盘整理的上下沿。如果价格涨到上沿且无法突破，我们就可以以上沿为压力位进场做空；如果价格跌到下沿且无法跌破，我们就可以以下沿为支撑位进场做多。我们进场的参照物非常清晰，就是横盘整理的上方压力位和下方支撑位。如果投资者喜欢做超短线交易，就可以根据这两条线多次交易。当价格突破了上沿后，回调到上沿受到支撑，我们就以上沿为支撑位进场做多；当价格跌破了下沿后，反弹到下沿受到压制，我们就以下沿为阻力位进场做空。

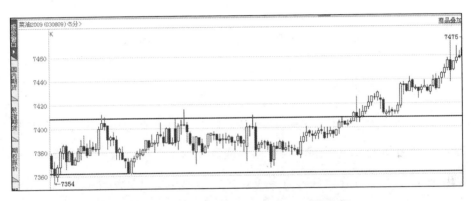

图 5-10　菜油 2009 合约 5 分钟 K 线走势图

　　如图 5-11 所示为十年国债 2009 合约 5 分钟 K 线走势图，价格出现了窄幅横盘震荡行情，但是这个震荡行情的震荡空间太小了，没有获利的空间，我们没必要根据这个窄幅震荡的上下沿来回交易，此时不如等行情稳定再去选择方向，当价格跌破了窄幅震荡的下沿后反弹到下沿（圆圈处）受到压制，我们就以下沿为压力位进场做空。其实做期货交易不难，难的是没有方法。

图 5-11 十年国债 2009 合约 5 分钟 K 线走势图

2. 前期的高低点

前期高点的压力位的形成原理是，做多的投资者进场做多的价位可能是在一轮行情的高点附近，当价格形成高点后回落时，很多投资者的反应是不承认亏损，选择继续持有多单，当价格重新回到前期高点时，此前在这个位置附近买入的投资者纷纷平仓解套。同时，前期在较低价格处买入的投资者看到价格涨到前期的高点附近出现了滞涨，也倾向于在前期的高点附近止盈，一个解套，一个止盈，这时前期高点的压力位就形成了。

前期低点的支撑位的形成原理也是类似的，做空的投资者进场做空的价位有的就是前期的低点附近，当价格形成低点后反弹上涨时，很多投资者空单不止损，选择继续持有空单，当价格重新回到前期低点时，此前在这个位置附近卖出的投资者纷纷解套。同时，前期在较高价格处卖出的投资者看到价格又跌到前期的低点附近出现了止跌，也倾向于在前期的低点附近止盈，一个解套，一个止盈，这时前期低点的支撑位就形成了。

如图 5-12 所示为燃油 2009 合约 5 分钟 K 线走势图，价格在前期出现了阶段性的高点 1720 点，笔者经常用前期高点位置 K 线实体的高点作为前期的高点，因为影线的高点 1724 点经常没有太多的成交量，对行情的压制效果不如 K 线实体的高点对行情的压制效果好。当价格出现了阶段性的高点 1720 点后，价格回落，当价格再次上涨到 1720 点附近受到阻挡（圆圈处）时，我们就可以用前期的高点 1720 点作为压力位进场做空。可以看到，当价格再次涨到 1720 点附近的时候还出现了一个顶部的反转 K 线形态射击之星，K 线反转形态射击之星配合前期高点的压力位进场做空效果会更好。

图 5-12　燃油 2009 合约 5 分钟 K 线走势图

如图 5-13 所示为沪锡 2008 合约 5 分钟 K 线走势图，在这个行情走势中，价格多次冲高都无法上涨，形成了由多个前期高点组成的一个价格区间，当价格再次涨到此区间的高点（圆圈处）时，我们就可以依据前期高点的压力位进场做空。方法很简单，关键是要坚持做，做到知行合一，仅知道压力位在哪，不进场也是徒劳的。上面讲解了两个以前期高点作为压力位进场做空的实例，下面讲解两个以前期低点作为支撑位进场做多的实例。

图 5-13　沪锡 2008 合约 5 分钟 K 线走势图

如图 5-14 所示为尿素 2009 合约 60 分钟 K 线走势图，价格在前期有两个相对的低点，当价格再次跌到前期低点（圆圈处）时，如果价格受到前期低点的支撑无法下跌，我们就可以以前期的这个低点为支撑位进场做多。此次价格跌到前期低点受到支撑的同时，底部出现了一个反转 K 线形态锤头线，这时进场的胜算更大。做多单和做空单不同的是，做多最好有量能的配合，行情上涨的可能性才大，这也是笔者喜欢做空单的原因之一，因为做空单量能不配合也可以。

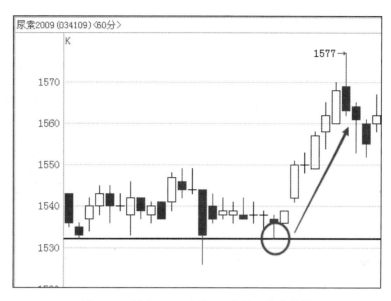

图 5-14　尿素 2009 合约 60 分钟 K 线走势图

　　如图 5-15 所示为棉花 2009 合约 60 分钟 K 线走势图，当同样的价格跌到前期低点（圆圈处）附近受到前期低点的支撑时，我们就可以以前期低点作为支撑位进场做多。圆圈处的 K 线组合是底部的"身怀六甲"，是一个典型的反转 K 线组合，关于反转 K 线组合的知识笔者在 2019 年出版的《期货大赛冠军资金翻倍技法》一书中做了详细的讲解，有兴趣的读者可以学习。前面讲的都是价格上涨到前期高点或价格下跌到前期低点受到压力或支撑进场的实例，下面讲解价格突破了前期的高点后回调，受到支撑进场做多的实例，以及价格跌破了前期的低点后反弹，受到压制进场做空的实例。

　　如图 5-16 所示为沪铜 2008 合约 5 分钟 K 线走势图，价格突破了前期的高点后回调，当价格跌到前期的高点附近（圆圈处）时受到了前期高点的阻挡，我们就可以以前期的高点为支撑位进场做多。读者一定要记住，前期的高点和低点不是一个精确的点，而是一个价格区间，就像在图 5-16

中，价格可能会围绕着前期的高点反复震荡后再次上涨，甚至跌破前期的高点，所以要把任何压力位和支撑位看作价格区间而不是一个精确的点。

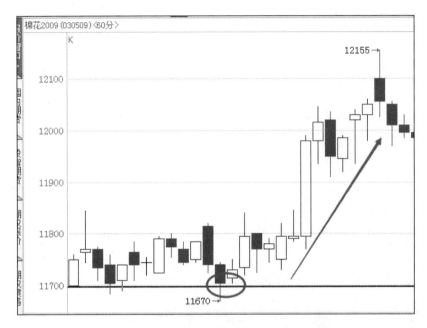

图 5-15　棉花 2009 合约 60 分钟 K 线走势图

图 5-16　沪铜 2008 合约 5 分钟 K 线走势图

如图 5-17 所示为螺纹 2010 合约 5 分钟 K 线走势图，价格突破了前期的高点后回调。其实不难发现，第一次回调到了前期高点的下方，然后又回到了前期高点之上。其实，一般这种行情在实际交易中笔者会少量多单地进场，当行情再次回到前期高点之上受到支撑（圆圈处）时，如果之前没进场，此时就可以多单进场了；如果在之前的位置进场，那么此时是一个加仓的时机。这种以前高点或前低点为支撑位或阻挡位进场做多或做空是顺势的单子，风险小，盈利空间大。

图 5-17　螺纹 2010 合约 5 分钟 K 线走势图

如图 5-18 所示为鸡蛋 2009 合约 5 分钟 K 线走势图，价格跌破了前期横盘整理的下沿，几根 K 线一路暴跌，当价格再次反弹到前期横盘整理的下沿附近（圆圈处）且受到压制时，我们就可以以前期横盘整理的下沿作为压力位进场做空。通常情况下，这种以前期的高点或前期的低点为压力位或支撑位进场，做空的胜算要大于做多的胜算。读者从图 5-18 中不难发现，在一波下跌行情中，可能用几根 K 线就可以完成，换做在上涨行情中，就可能要用几十根 K 线甚至上百根 K 线来完成上涨。

图 5-18　鸡蛋 2009 合约 5 分钟 K 线走势图

如图 5-19 所示为锰硅 2009 合约 60 分钟 K 线走势图，价格跌破了前期的低点，反弹到前期的低点附近（圆圈处）时受到了阻挡，我们就可以以前期的低点为压力位进场做空。如果价格反弹到前期的低点受到阻挡的同时出现一个典型的 K 线反转形态，比如图 5-12 中圆圈处的射击之星形态，那么进场的胜算就更大了。

图 5-19　锰硅 2009 合约 60 分钟 K 线走势图

3. 前一天的高低点

有的时候当天的开盘价开在了前一天的高点之上，或者开在了前一天的低点之下，又或者前一天的高低点就是最近的高低点，这个时候我们就要把前一天的高低点当作压力位及支撑位的参照物。

如图 5-20 所示为动力煤 2009 合约分时走势图，当天的开盘价高开，当价格多次冲高后下跌到前一天的高点附近受到支撑时，就可以以前一天的高点支撑位为依据进场做多。因为 K 线图中不好标哪个高点是前一天的高点，所以笔者用分时图给读者讲解，使读者更直观地看到前一天的最高点位置。

图 5-20　动力煤 2009 合约分时走势图

笔者经常遇到投资者问这样的问题：如果要分析趋势，当天的行情要不要和前一天的行情连起来分析？数波浪理论的数浪要不要把前一天的行情放到一起数？其实，正常行情走势是全天候涨跌变化的，我们自己要知道行情是连贯的，只是国内交易所很多时间不开盘，我们无法交易而已，所以分析行情的时候一定要把最近几天的行情走势连起来分析。

如图 5-21 所示为菜油 2009 合约分时走势图，当天的开盘价开在了前一天的最高点附近后高开低走，接着价格再次突破了前一天的最高点，当价格回调不破前一天的最高点时，我们就可以以前一天的最高点为支撑位进场做多。其实在这个行情中，前一天的最高点也就是行情前期的最高点。如果价格受到前一天的最高点支撑的同时，还能受到均线的支撑，那么上涨的可能性就更大。当价格回调到前一天的高点附近受到支撑时，我们就积极进场做多，将止损点设置在前一天的最高点之下即可。

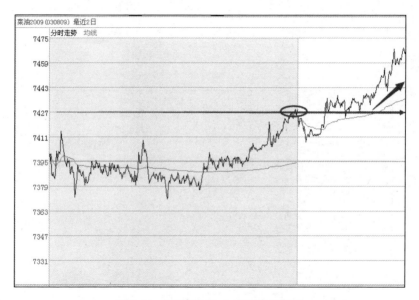

图 5-21　菜油 2009 合约分时走势图

如图 5-22 所示为五年国债 2009 合约分时走势图，当天的开盘价开在了前一天的低点之下，当价格反弹到前一天的最低点（圆圈处）时，无法形成有效的向上突破，我们就可以以前一天的最低点为压力位进场做空。这种交易是顺势的，胜算相对大一点。其实，无论是价格开在前一天最高点之上，回调到前一天最高点上受到支撑，或者是价格开在前一天最低点之下，反弹受到阻挡，从 K 线图上看就是一个上涨或下跌缺口回补的动作。

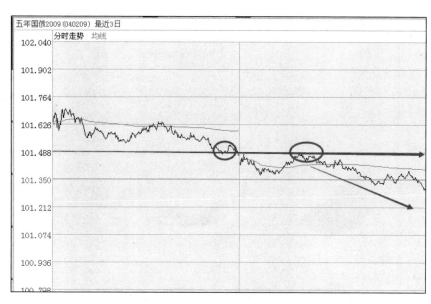

图 5-22　五年国债 2009 合约分时走势图

4．前期次高点和次低点

有时前期的次高点作为支撑位的效果和前期的次低点作为压力位的效果，要好于前期的高点或低点作为支撑位或压力位的效果。很多时候前期的高点或前期的低点只是一次假突破或假跌破，真正对行情起到有效支撑或压力的往往是前期的次高点和次低点。

如图 5-23 所示为动力煤 2009 合约 5 分钟 K 线走势图，第一个圆圈处是前期的次低点，低点是 536 点那个位置，而 536 低点其实就是一次下跌途中的假跌破，真正能对行情起到支撑作用的还是第一个圆圈处的次低点。很多投资者看到价格开始上涨后，还再等价格回调到前期的 536 低点附近再进场做多，但是往往价格没等回调到前期的 536 低点就转头向上了，投资者错过了做多机会却不知道什么原因。因此，当价格上涨后回调到次低点附近受到支撑时，我们就可以进场做多了。

图 5-23　动力煤 2009 合约 5 分钟 K 线走势图

如图 5-24 所示为沪锌 2008 合约 5 分钟 K 线走势图，第一个圆圈是前期的次高点，而 16545 点是这波上涨行情理论上的高点，但是 16545 点这个高点的 K 线只是昙花一现，瞬间又回到了前期的次高点之下，像这种行情次高点就比高点重要得多。当我们发现价格冲高后又回到了前期的次高点下方，只要价格上冲无法突破前期的次高点，我们就可以以前期的次高点为压力位进场做空。笔者在交易中经常将前期的次高点和次低点用作压力位和支撑位。

如图 5-25 所示为豆油 2009 合约 5 分钟 K 线走势图，价格一路下跌，出现了阶段性的低点（第一个圆圈处），之后价格假跌破，出现了一个新的低点即 5564 点，这个低点位置并没有多少成交量，只是昙花一现，因此它对行情起到的支撑作用就没有前期的次低点的支撑作用大。当价格上涨后，回调到前期的次低点受到支撑时，我们就可以以前期的次低点为依据进场做多。注意，上涨行情最好有量能的配合，在第二个圆圈处上涨的同时，下方的成交量也在放大，这样上涨的可能性才大。

图 5-24 沪锌 2008 合约 5 分钟 K 线走势图

图 5-25 豆油 2009 合约 5 分钟 K 线走势图

如图 5-26 所示为液化气 2011 合约 5 分钟 K 线走势图，价格经过一轮下跌，出现了阶段性的低点（第一个圆圈处），之后价格反弹无果，再次跌破前期的低点，出现了新的低点 3313 点，此次的新低只是一次假跌破，对行情的支撑作用并不如前期的次低点对行情的支撑作用大，当价格再次下跌至前期的次低点且受到支撑时，我们就可以以前期的次低点为依据进场做多了，下方的量能若能放大，则效果更好。

图 5-26 液化气 2011 合约 5 分钟 K 线走势图

5. 整数关口

整数关口对价格起到的压力作用和支撑作用是投资者的心理作用，一些整数关口常会成为上升时的重要阻力位和下跌途中的重要支撑位，如2000 点、3000 点和 4000 点等。这种情况在股票市场尤为突出，特别是一些个股的整数关口常会积累大量卖单。股票市场如此，期货市场也是如此，因为我国期货市场的投资者大部分是从股票市场转过来的，所以很多投资者把做股票的习惯带到了期货市场，其中有两个最明显的特征：不管什么品种都喜欢买涨不买跌；喜欢在整数关口抄底，也就是总把整数关口当作压力位和支撑位。这里和读者讲一下，整数关口往往只是投资者的心理关口，并不是技术面上的重要压力位或支撑位，但是用整数关口作为压力位和支撑位的投资者多了，自然而然地到了整数关口就会出现压力位和支撑位的特征。

如图 5-27 所示为上证指数日 K 线走势图，我们看到价格在 2800 点受到了强烈的支撑，价格涨到 2900 点的时候又受到了强烈的压制。一般用整数关口作为压力位和支撑位的投资者对技术并不精通，举一个真实的例子，2007 年上证指数在最高点 6124 点开始下跌，在 6000 点一批股民疯狂抄底，在 5000 点又有一批股民进场抄底，只要到了整数关口，就会有大批的股民不顾一切地进场抄底，最后都被深度套牢了。

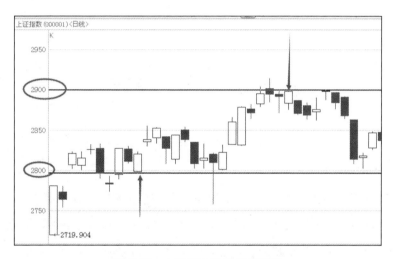

图 5-27　上证指数日 K 线走势图

如图 5-28 所示为沪锌 2008 合约日 K 线走势图，价格上涨至 16000 点整数关口受到压制，当价格突破 16000 点后回调，16000 点又对行情起到了支撑的作用，虽然整数关口并不是技术分析中的压力位和支撑位，但是将它用作压力位和支撑位的人多了，它自然而然地就成为了压力位和支撑位。在交易中，无论是上涨行情还是下跌行情，投资者不要一看到价格到整数关口就平仓出场，一定要看价格到达整数关口后的情况，毕竟整数关口只是很多投资者的心里压力位和支撑位。如果行情到达整数关口后出现了明显的滞涨或止跌的现象，那么可根据技术分析选择合理的策略。

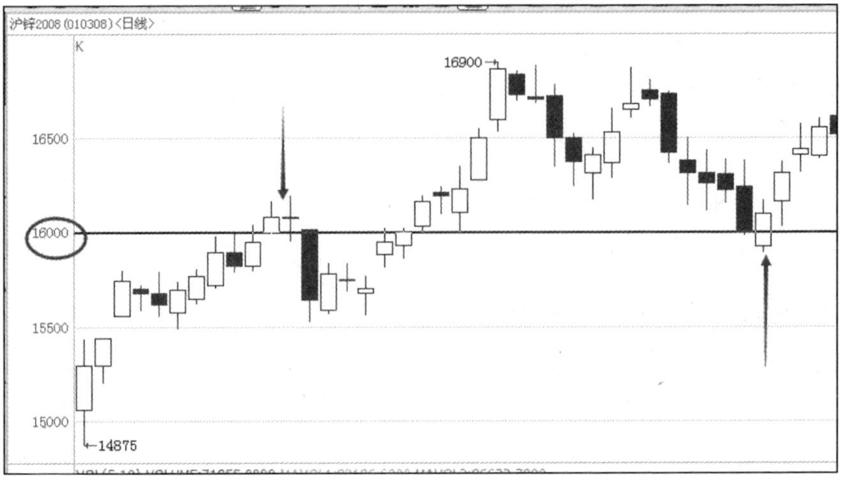

图 5-28　沪锌 2008 合约日 K 线走势图

如图 5-29 所示为螺纹 2010 合约日 K 线走势图，可以看到左数第一个箭头处的价格一直在 3400 点上下波动，一个位置能否对行情起到压制或支撑的作用，最好的识别方法就是看该位置附近有没有进行多空的争夺，多空争夺体现在形态上就是横盘震荡。从图 5-29 中可以看出，3400 点这个位置对上涨行情起到了压制的作用。价格突破 3400 点后涨到了 3500 点，3500 点又对行情起到了压制的作用，所以我们在交易中要留意行情到达整数关口的表现。在整数关口出现了横盘震荡走势，就说明这个整数关口对行情起到了压制或支撑的作用，此时应结合技术分析进行操作。

6．均线、颈线、趋势线等

首先讲解均线对行情的压制与支撑的作用。5 日均线、10 日均线、30 日均线、60 日均线均被期货短线交易技术派格外看重，他们会把均线的跌破或突破当作转市的信号，所以均线不破就成为很多短线技术派进场的依据，均线形成对行情的压制或支撑就顺其自然了。

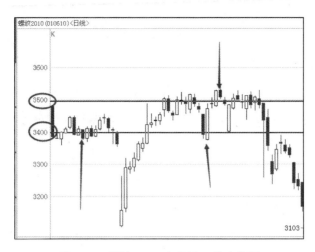

图 5-29　螺纹 2010 合约日 K 线走势图

如图 5-30 所示为橡胶 2009 合约日 K 线走势图，可以看到 5 日均线、10 日均线、30 日均线均倾斜向下，价格一直处在 5 日均线下方运行，5 日均线对行情起到了强烈的压制作用。当价格每次反弹到 5 日均线附近时，5 日均线都会对价格起到压制的作用，只要价格反弹到 5 日均线上不去，都是投资者进场做空的机会。5 日均线也被叫作"生命线"，只要价格不突破 5 日均线，投资者的空单就可以一直持有。

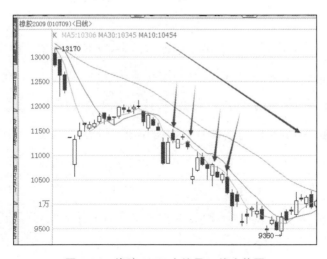

图 5-30　橡胶 2009 合约日 K 线走势图

如图 5-31 所示为热卷 2010 合约日 K 线走势图，价格一路上涨，回调时跌破了 5 日均线，但受到 10 日均线的支撑，我们可以以 10 日均线的支撑为依据进场做多。10 日均线也被称为"操盘线"。期货交易是有时效性的，股票市场中的半年线、年线等大周期的均线在期货短线交易中用途不大，因为还没等价格碰到半年线、年线就该换月了。同时，均线太多会使交易界面看上去比较乱，所以笔者在进行短线交易时，常用的均线就是 5 日均线、10 日均线和 30 日均线。

图 5-31　热卷 2010 合约日 K 线走势图

如图 5-32 所示为沪镍 2008 合约日 K 线走势图，价格一路下跌，价格反弹到 30 日均线后受到压制，当价格反弹到 30 日均线无法突破时，我们就可以以 30 日均线为压力位进场做空。前面讲的笔者在做期货短线交易时，最常用的均线就是 5 日均线、10 日均线和 30 日均线，其实它们也是上涨或下跌途中的三道防线，每条均线都会对行情起到支撑或压制的作用，当三条均线中的任何一条对行情起到压制或支撑作用时，都是我们进场做多或做空的机会。若 30 日均线被跌破或被突破，那么行情就有可能转市了。

图 5-32　沪镍 2008 合约日 K 线走势图

接下来讲解颈线对行情的压制和支撑作用。颈线的重要作用体现为它用一条直线把多空双方的界线划分得清清楚楚，颈线也就成为了多空分水岭，是重要的压力位和支撑位。

如果读者能够识别出各种反转 K 线形态并且会画各种反转 K 线形态的颈线，那么就能很清楚地区分什么是多方阵地、什么是空方阵地（关于常见的各种反转形态，比如头肩底、头肩顶、双顶、双底、三重顶、三重底、圆弧底、圆弧顶等形态的特征及颈线的画法，笔者不在本书中做太多的讲解，笔者会录制一套关于各种 K 线形态和颈线画法的教学视频，免费提供给读者学习，获取方式在本书前言里面）。作为多方，在空方的打压下，无论如何退让一定不能让空方将颈线跌破，如果颈线被跌破，多方就会溃不成军，兵败如山倒。反之，在空方领地中，多方进行反击时，空方要守住自己的阵地，最后一道防线就是颈线，一旦往上突破颈线成功，空翻多的现象就会出现。因为颈线在多空双方搏斗中有着重要的作用，所以投资者经常把颈线当作重要的压力位或支撑位。

当价格上涨时，应密切观察价格上涨能否有效突破颈线，比如人们常说的双底、头肩底、三重底、圆弧底等，价格没有往上突破颈线压力位，这些形态都不能成立，只有价格突破了颈线，才能说是双底、头肩底等。而在价格下跌时，要高度警惕价格的下跌会不会跌破颈线的支撑位，比如双顶、头肩顶等，在价格没有跌破颈线支撑位之前，这些反转形态都不能算数，只有价格跌破了颈线支撑位，才可说是双顶、头肩顶等。既然颈线是重要的压力位和支撑位，我们就可以以颈线被突破或被跌破为进场做多或做空的依据。

如图 5-33 所示为沪铜 2008 合约 5 分钟 K 线走势图，可以看到行情一路上涨，形成了一个典型的顶部头肩顶形态。当顶部出现头肩顶形态后，我们把头肩顶形态中的两个低点进行连线，就形成了头肩顶的颈线，这条颈线就是刚刚讲过的多空分水岭，颈线上为多方区域，颈线下为空方区域，只有价格跌破这条颈线才说明这个头肩顶形态成立。价格在圆圈处向下跌破重要的多头支撑位颈线，行情就由多头行情转为空头行情。当跌破后价格反弹到颈线附近时，颈线就由原来的支撑作用转换为压制作用。当价格跌破头肩顶重要的支撑位颈线后，只要价格反弹受到这条颈线的压制，投资者就可以以这条颈线为依据进场做空。

如图 5-34 所示为玉米淀粉 2009 合约 60 分钟 K 线走势图，这是一个底部的头肩底形态。同样，当底部出现了一个头肩底形态后，我们第一时间是画出这个头肩底形态两个高点的连线，也就是这个头肩底形态的颈线，有了颈线就能知道当前行情的多空分水岭，这条颈线对行情有着压制和支撑两种作用。当行情处在这条颈线下方时，这条颈线对行情起到的是压制作用；当行情处在颈线的上方时，这条颈线对行情起到的是支撑作用。所以，价格想上涨一定要突破颈线形成的压力位，当价格突破了颈线后，这条颈线就从原来对价格的压制作用转换为对价格的支撑作用。

图 5-33　沪铜 2008 合约 5 分钟 K 线走势图

图 5-34　玉米淀粉 2009 合约 60 分钟 K 线走势图

　　从图 5-34 中可以看到，价格突破了颈线后回调（左数第一个圆圈处），这条颈线就由突破前对价格的压制作用转换为对价格的支撑作用，只要价格突破颈线后的回调不破颈线，我们就可以以颈线为依据进场做多。价格在突破颈线时最好能有量能的配合，这样突破后上涨的可能性才大。

颈线通常是价格的高点和次高点的连线,一个高点形成的颈线只能是水平线。颈线不仅是压力位,还是支撑位。价格要继续上涨,必须有效突破颈线。为了验证突破的有效性,在突破之后往往会出现回调,回调到颈线附近受到支撑。不管是突破还是回调到颈线附近,往往都隐藏着短线机会,突破颈线技术要结合其他技术,如均线技术、K线技术、成交量技术等,从而在颈线的突破上才能有效地捕捉到大行情。

刚刚通过两个实例讲解了颈线对行情的压制作用和支撑作用,下面讲解趋势线对行情的压制作用和支撑作用。趋势线是上涨行情中两个或两个以上的低点的连线,以及在下跌行情中两个或两个以上的高点的连线。前者被称为上升趋势线,后者被称为下降趋势线。

如图5-35所示为上升趋势线和下降趋势线示意图。当行情中有两个或两个以上的低点被不断地抬高时,把低点连成一条线,就得到了上升趋势线;当行情中有两个或两个以上的高点被不断地下移时,把高点连成一条线,就得到了下降趋势线。虽然期货投资者对趋势线的说法不一,但无可厚非趋势线是分析趋势最有效的工具之一,投资者在实际交易中要熟练地画好趋势线,这样才能快速地识别当前的行情趋势。

如图5-36所示为乙二醇2009合约60分钟K线走势图,行情上涨到一定高点后,在阶段性的高点(左数第一个圆圈处)开始下跌,行情下跌途中出现的第二个高点(左数第二个圆圈处)不能"站"在前一个高点的上方,而是"站"在前一个高点的下方,意味着高点在不断地被下移,高点的不断被下移就是典型的下跌趋势特征,此时把这两个高点连成一条线,就得到了我们想要的下降趋势线。

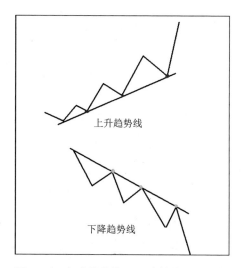

图 5-35　上升趋势线和下降趋势线示意图

图 5-36　乙二醇 2009 合约 60 分钟 K 线走势图

有了下降趋势线，行情就有了明确的多空分水岭，下降趋势线下方是空头阵营，下降趋势线上方是多头阵营。当行情上涨到下降趋势线附近（箭头处）时，下降趋势线就对行情起到了压制作用，行情每次涨到下降趋势线附近都是投资者进场做空的机会。只要行情无法突破这条下降趋势线，我们就以做空为主；当行情有效地突破这条下降趋势线时，这条趋势线对行情的作用就从压制变成了支撑，我们就可以以这条下降趋势线被突破为依据进场做多。

如图 5-37 所示为白糖 2009 合约日 K 线走势图，行情触底后开始上涨，低点不断地被抬高，将两个低点连成一条线，就得到了我们想要的上升趋势线。行情继续上涨，上涨中的回调只要到这条趋势线附近受到支撑，我们就可以以这条趋势线为依据进场做多。趋势线的方向就是我们做单的方向，上涨趋势线向上，我们就以做多为主；下跌趋势线向下，我们就以做空为主。严格遵守这个做单原则，基本上可以做到顺势交易。

图 5-37 白糖 2009 合约日 K 线走势图

如图 5-38 所示为棉花 2009 合约 5 分钟 K 线走势图，该合约价格最低跌至 11765 点，然后开始上涨，当看到低点不断地被抬高，我们就把两个低点（下面两个圆圈处）连成一条线，就有了一条上升趋势线，价格在上涨中的回调每次靠近这条趋势线，这条趋势线都会对价格起到支撑的作用。

当价格跌破了这条趋势线（上方圆圈处），就意味这上涨行情有可能终结。上涨行情是终结还是滞涨，还要看接下来的行情走势，只通过一个上升趋势线被跌破就说上涨行情终结，显然理由不够充分。

图 5-38　棉花 2009 合约 5 分钟 K 线走势图

初画趋势线的投资者可能会发现大部分人的上涨趋势线或下跌趋势线都呈现出直线状态，起初可能会认为这仅仅是一个巧合，但是深入地进行了解就会发现，任何周期行情里的趋势线都趋于一条直线，而且时间越长，行情的趋势线就越接近直线。所以，画好并合理地运用趋势线，会对期货交易有很大的帮助。

7. 压力位和支撑位的转换

压力位和支撑位都是重要的进场依据，压力位和支撑位是可以转换的，当价格跌破支撑位，那么它原有的支撑作用就会变成对价格的压制作用；当价格突破重要的压力位，那么这个压力位就由原来的对价格的压制作用转为对价格的支撑作用。

期货市场上有三种人：多头、空头、观望者。若一个压力位被突破，则多头会赚钱，空头会亏钱，观望者会眼红。由于突破后还需要校验突破是真还是假，所以价格会慢慢地回到原来的压力位附近，让市场来检验。当价格回到压力位附近时，多头会买得更多，很多空头也会加入多头的行列，观望者由于眼红，也会加入多头的行列，由此，原来的压力位就变成了支撑位。

如图 5-39 所示为黄豆二号 2007 合约 5 分钟 K 线走势图，价格一路下跌，最低跌至 2915 点后触底反弹，我们可以看到上涨的低点不断被抬高，将至少两个低点连成一条线，就得到了一条上升趋势线。若行情上涨后的回调不跌破这条上升趋势线，受到这条上升趋势线的支撑，那么我们就可以以此为依据进场做多，现在这条上升趋势线对行情起到的是支撑作用。当行情跌破这条上升趋势线后，这条上升趋势线原来对行情的支撑作用就转为对行情的压制作用。当价格跌破这条上升趋势线后，只要价格反弹不破这条上升趋势线，我们就可以以这条趋势线为依据进场做空。

图 5-39　黄豆二号 2007 合约 5 分钟 K 线走势图

如图 5-40 所示为玉米淀粉 2009 合约 60 分钟 K 线走势图，合约前期的高点是行情的压力位，我们用前期的两个高点画上一条水平线，这条线就可以看成是当前行情的多空分水岭。线的上方为多头阵营，线的下方为空头阵营。价格只要在多空分水岭下方，每次价格涨到这条线附近，都会受到这条线的压制，价格要想上涨，必须突破这条压力线。当多头突破这条压力线（圆圈处）后，原本对行情的压制作用就变成了对行情的支撑作用。价格突破这条压力线后，只要价格回调到这条线附近，这条线都会对行情起到支撑作用，这就是压力位转变成支撑位的过程。当价格再次回调到这条线附近受到支撑时，我们就可以以此为依据进场做多。

图 5-40　玉米淀粉 2009 合约 60 分钟 K 线走势图

5.4　读懂盘面数据

投资者只有看懂交易软件呈现的数据及它们的变化，才能通过盘面这些数据所要表达的含义在交易中发现机会，从而进场获得利润，这就是所谓的"盘面语言"。它通过数字信息的传达与行情在时间和空间上的一定联系反映基本面和主力资金的意图。

如图 5-41 所示为白糖 2009 合约 K 线走势图,右侧的数据栏里有开盘价、最高价、最低价、总手、现手、仓差、内盘、外盘、持仓、卖出、买入、最新等数据,这些数据非常直观地体现了盘中行情多空强弱及持仓等变化。通过数据的变化,我们可以发现行情强弱的转换、多空实力的强弱,因此懂得盘口数据、读懂盘面语言是技术派投资者的必修课。

图 5-41　白糖 2009 合约 K 线走势图

开盘价是多空双方在开盘前 5 分钟集合竞价撮合而成的,有夜盘的品种在夜盘开盘前 5 分钟集合竞价,无夜盘的品种在早上开盘前 5 分钟集合竞价。开盘价反映了主力的一部分意图,尤其是在其他相关基本面的价格形态发生突变的情况下,更能反映出多空双方的态度、意图和力度,但会在以后的交易时间里被大的资金介入、人气趋势、方向走势所修正。

一般开盘价高开意味着在集合竞价过程中主动买的投资者多于主动卖的投资者,从这一点也反映出大部分参与集合竞价的投资者希望当天的行情以上涨为主。开盘价的高开或低开是我们进场方向判断的方法之一。

收盘价是当天最后一笔交易的成交价格，是对当天价格走势的总结，也是对当天多空双方较量胜负的评价。收盘价是当天最重要的价格，是多空双方认可的、暂停博弈的、相互妥协的价位，也是一个重要的压力位和支撑位。

最高价、最低价这两个价格反映了多空双方在开盘阶段资金博弈较量的最高值和最低值，特点是在最高价或最低价附近经常伴随着较大的成交量，分时图中显现的更为明显，同时也明确了多空双方博弈的区间范围，是重要的压力位和支撑位。

总手是当天目前成交的手数（做多和做空的总数，一般都是双数）。

现手是当前这笔交易成交的手数。

仓差表示与前一天相比总持仓量的增减。仓差不断增加，仓差为正，说明该品种受关注度高。做多首选仓差为正的品种。仓差一直减少，行情却上涨，做多的动能值得怀疑，做多要谨慎，以做空为主，尤其在行情顶部，配合波浪理论，高位的持仓减少是典型的庄家获利跑路。

内盘就是买入价成交（做空的动能），绿色数字代表内盘。外盘就是卖出价成交（做多的动能），红色数字代表外盘。内盘和外盘相加为成交量，通过内盘和外盘的多少可以看出多空双方的力量，是一个较有效的短线指标，但是期货只有相对、没有绝对。

这里要说明一下内盘和外盘，这里的内盘和外盘不是我们天天看到的各种早盘提示或一些报告里面的内盘和外盘，一般分析师口中的内盘和外盘指的是国内期货和国外期货。

结算价指某个期货合约当日的成交价按照成交量的加权平均价，每个商品合约都是按照当天的结算价作为当日盈亏依据的。

6

第6章

短线高胜算做多技巧

6.1　10日均线做多法

10日均线做多法是通过10日均线的支撑作用进场做多的。为什么用10日均线作为支撑呢？10日均线又叫作"操盘线"，私募机构的主力资金经常将10日均线作为行情的依据进行交易。10日均线的重要性一直被广大普通投资者所忽视，交易软件中系统默认的参数就是10日均线，有些人曾试图修改参数，找到最符合交易特性的均线，其实无论如何修改参数，上涨行情的依据还是由10日均线趋势方向决定的。大部分主力资金在行情启动后，都将10日均线作为行情延续与终结的最终依据，所以，利用好10日均线进行交易，是每个期货投资者的必修课。常见的利用10日均线进场做多的方法有两种，一种是回踩支撑线做多，另一种是阳线上穿5日均线和10日均线做多。首先介绍第一种方法：回踩支撑线做多。

如图 6-1 所示为尿素 2009 合约 5 分钟 K 线走势图，该合约价格在有效突破 10 日均线后，回踩 10 日均线（圆圈处）受到支撑，回踩的那根 K 线就是进场点。这种以价格回踩 10 日均线为依据进场做多的方法的好处是，价格处在 10 日均线上方，如果 30 日均线也是向上运行的，那么大趋势就是上涨趋势，进场的胜算大，如果做的是日内短线交易，则仓位可以大一点。投资者做多的时候一定要留意量能的配合，如果有量能的配合，则效果会更好。

图 6-1　尿素 2009 合约 5 分钟 K 线走势图

如图 6-2 所示为黄豆一号 2009 合约 5 分钟 K 线走势图，该合约价格在经过了急涨之后，出现了横盘整理，当价格横盘到 10 日均线时（圆圈处）受到 10 日均线的支撑，投资者可以以 10 日均线为支撑进场做多。这种不破 10 日均线的价格上涨动能非常强，10 日均线非常适合用于中短线交易，10 日均线用在趋势明确的单边上涨和单边下跌行情中非常有效和可靠，而用在横盘走势中效果相对差一些。在上升趋势中，当价格回调到 10 日均线附近时，成交量应明显萎缩，而当价格再度上涨时，成交量应放大，这样上升的空间会更大。

图 6-2　黄豆一号 2009 合约 5 分钟 K 线走势图

在实际交易中 10 日均线经常与 5 日均线配合使用，下面介绍另一种通过 10 日均线进场做多的方法：阳线上穿 5 日均线和 10 日均线做多。

如图 6-3 所示为沪铅 2007 合约 5 分钟 K 线走势图，该合约价格在上涨途中跌破 5 日均线和 10 日均线，当我们看到一根阳 K 线从下往上突破 5 日均线和 10 日均线时，就可以以此为依据进场做多。这种进场方式读者是不是看着有点眼熟？它和笔者 2018 年编著的《期货日内短线复利密码》一书中的"一箭三雕"方式非常相似，"一箭三雕"是阳线从下往上连续上穿 5 日、10 日、30 日均线，投资者就可以进场。在实际交易中一根 K 线连续上穿三根均线的时候并不多，而刚刚讲到的阳线上穿 5 日均线和 10 日均线的情况在实际行情中非常多，大大地增加了投资者进场的机会。

如图 6-4 所示为硅铁 2010 合约 5 分钟 K 线走势图，前期该合约价格横盘整理，在价格跌破 5 日均线和 10 日均线后，一根阳线从下往上连续上穿 5 日均线和 10 日均线，我们就以此为依据进场做多。如果之后价格又很快跌破了 10 日均线，应立即止损出局。试想一下，我们要是始终以 10 日均线作为进出场标准来交易，即使有亏损也只会是很少的亏损。这种交易方法最大的优点就是，在上涨行情的初期即可跟进而不会错过行情，即使被套也有 10 日均线作为明确的止损点，损失也不会太大。期货投资者必须高度重视 10 日均线短线操作的价值。

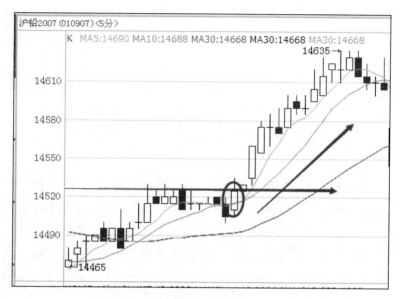

图 6-3　沪铅 2007 合约 5 分钟 K 线走势图

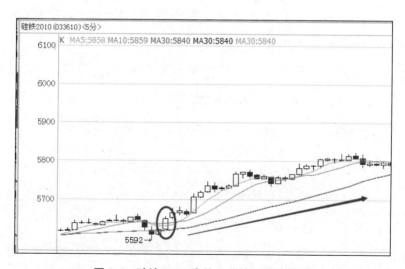

图 6-4　硅铁 2010 合约 5 分钟 K 线走势图

如图 6-5 所示为菜油 2009 合约 60 分钟 K 线走势图，该合约价格弱势
横盘整理，然后跌破 10 日均线，接着一根阳 K 线由下往上连续上穿 5 日均
线和 10 日均线，我们就可以以此为依据进场做多。上穿的 K 线就是行情的
启动点，当行情启动后，投资者可以看到在上涨行情中只要价格靠近 10 日
均线（3 个方框处），10 日均线就会对价格起到支撑的作用，每次 10 日均
线对价格的支撑都是投资者进场做多的最好时机。当价格站上 10 日均线时，
以做多为主，成功的概率较高。

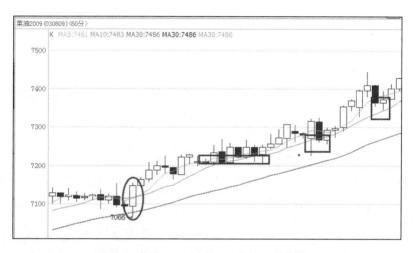

图 6-5　菜油 2009 合约 60 分钟 K 线走势图

如图 6-6 所示为甲醇 2009 合约 5 分钟 K 线走势图，该合约价格一路下
跌，最低跌至 1730 点，一根阳线上穿 5 日均线和 10 日均线后一路上涨，
在上涨的过程中（4 个圆圈处），每次价格在跌破 10 日均线后都能短时间内
回到 5 日均线和 10 日均线上，我们就可以以此为依据进场做多。同时，上
涨过程中跌破 10 日均线的低点不断被抬高，通过之前笔者讲解趋势的特征
可知，此时是上涨趋势，在上涨趋势中，若每次价格跌破 5 日均线和 10 日
均线后，能快速地回到 5 日均线和 10 日均线上，就是投资者进场做多的最
佳时机。

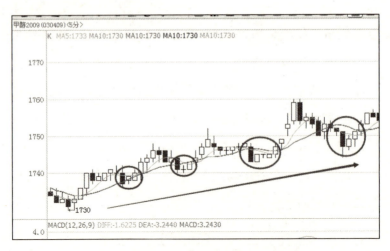

图 6-6　甲醇 2009 合约 5 分钟 K 线走势图

如图 6-7 所示为 IF2007 合约 5 分钟 K 线走势图，该合约价格从第一个圆圈处的最低点 3930 点上涨到 5 日均线和 10 日均线之上，每次回调都是短期地跌破 10 日均线后，又回到 5 日均线和 10 日均线之上，每次回到 5 日均线和 10 日均线之上时都是投资者进场做多的机会，如果再有量能的配合，那么进场的胜算就更大。

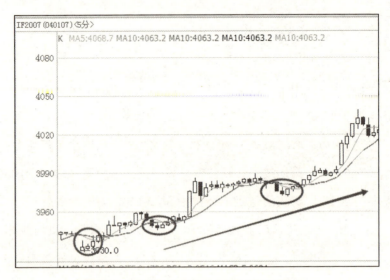

图 6-7　IF2007 合约 5 分钟 K 线走势图

以上笔者讲解的 10 日均线进场方法是非常典型的顺势交易法，在期货交易中顺势而为是一个很稳妥的选择。10 日均线是多空双方力量强弱或市场强弱的分界线，当多方力量强于空方力量时，市场强势，价格就在 10 日均线之上运行，那么投资者在 10 日均线上做多，价格自然更容易上涨。

6.2　破轨回踩做多法

破轨回踩做多法是指价格突破了布林通道中轨之后，回调再次受到中轨的支撑，我们就可以以布林通道中轨支撑为依据进场做多。价格从下往上突破布林通道中轨表明此时价格强势，价格强势突破布林通道中轨回踩还不破中轨就意味着强中更强，此时是投资者进场做多的最佳时机，尤其是在价格上穿中轨时，若成交量配合放大，则成功率更高。

如图 6-8 所示为焦炭 2009 合约 5 分钟 K 线走势图，该合约价格一直在布林通道上下轨中间运行，价格最低跌至 1926.5 点，然后向上突破布林通道中轨，刚刚讲过，在价格突破中轨时最好成交量也能配合放大，这样突破后上涨的可能性才更大。价格突破中轨后横盘整理，一直受到中轨的支撑（圆圈处），等价格再次缩量回调到中轨附近企稳时，就是投资者进场做多的最佳时机。价格受到中轨支撑后上冲上轨，回调继续受到中轨的支撑（方框处），此时是加仓的时机。多单进场后只要价格一直处在上轨和中轨之间的区域，并且布林通道的上轨和下轨开始打开，这笔多单就可以一直持有。

如图 6-9 所示为乙二醇 2009 合约 5 分钟 K 线走势图，该合约价格经过了长时间的横盘整理，布林通道的上下轨通道极度收缩，此时如果发现价格突破布林通道中轨后（圆圈处）的回调不破中轨，就可以以此为依据进场做多，同时，若成交量也能有效地放大，那么进场后价格上涨的可能性就更大。在多单进场后只要价格一直在中轨和上轨之间运行，我们就可以一直持有这笔多单。布林通道上下轨缩口到极致是行情将要启动的前兆，布林通道上下轨开口则是行情启动的开始，而布林通道的开口就是从价格突破中轨后回调不破中轨开始的。

图 6-8 焦炭 2009 合约 5 分钟 K 线走势图

图 6-9 乙二醇 2009 合约 5 分钟 K 线走势图

如图 6-10 所示为液化气 2011 合约 5 分钟 K 线走势图，布林通道的上下轨通道极度收缩，意味着大行情随时会到来，当发现价格向上突破布林通道中轨后（圆圈处）的回踩不破中轨时，就是进场做多的最佳时机。进场后布林通道的上下轨开始打开，价格在上轨和中轨之间运行，但并不是布林通道的上轨和下轨打开得越大越好，上轨和下轨打开得越大，就说明行情越有回调的需求，也说明多单的风险越大。

图 6-10　液化气 2011 合约 5 分钟 K 线走势图

如图 6-11 所示为 PTA2009 合约 5 分钟 K 线走势图，该合约价格在布林通道上轨和下轨之间窄幅运行，当价格上穿中轨后（圆圈处）的回调不破中轨时，就可以此为依据进场做多。由于布林线是用历史价格的平均数加减平均波动幅度得来的，如果当日价格出现大幅波动，那么通道就会随之变形，因此布林线有滞后性。布林通道相对于其他技术指标在判断行情反转上可能略有逊色，但在判断盘整行情终结上可谓功不可没，所以可以利用布林通道指标分析震荡行情，以及判断行情启动的开始。

图 6-11　PTA2009 合约 5 分钟 K 线走势图

6.3　二次探底做多法

二次探底做多法是指当价格出现低点后二次探底时，没有像第一次探底那样跌破下轨，当价格有效地站上中轨之上时，我们就可以认为价格阶段性筑底成功，前期的低点有可能就是阶段性的低点。当价格站上中轨时就是投资者进场做多的时机。

这里还要讲一下，期货技术不是绝对的，不是出现特定的形态就一定能按照预期走出我们想要的行情，只是出现了特定的形态后，按照预期方向走的概率大一些，所以要理性地看待期货技术，比如某种进场方法的胜算是 60%，当这种特定的进场方法出现 10 次时，可能 6 次盈利、4 次亏损，盈利比就算 1:1，10 次下来我们用这种方法还能净盈利 2 次。职业操盘手每天可能有几十次甚至上百次的交易，不可能有百分之百的胜算，只要所用的进场方法胜算大，就要长期坚持去做，才可能稳定获利。

如图 6-12 所示为鸡蛋 2009 合约 5 分钟 K 线走势图，该合约价格跌破布林通道中轨后一路下行，最低跌至 3842 点，并且跌破布林通道的下轨，很多时候价格触碰布林通道的上轨或下轨不是行情转折的信号，反而是加仓的信号。行情是否见顶或见底单独用一个布林通道指标是很难辨别的，要通过布林通道和 MACD 指标的配合来判断行情可能出现的顶或底。我们回到图 6-12 中，价格跌破了布林通道下轨后出现了第一次探底（方框处），然后价格反弹，当价格第二次尝试探底（圆圈处）时并没有跌破布林通道下轨，只要价格能站上中轨就是我们进场做多的依据。

图 6-12　鸡蛋 2009 合约 5 分钟 K 线走势图

　　如图 6-13 所示为焦煤 2009 合约 5 分钟 K 线走势图，该合约价格跌破布林通道中轨后，可以看到价格多次跌破布林通道的下轨，最低跌至 1170 点后无法再次创新低。我们前面讲过下跌趋势的特征，其中一个重要的特征就是低点和高点都不断地被下移，但是在图 6-13 中，当价格跌至 1170 点后（方框处），下一个低点（圆圈处）无法创出新低，这意味着原来的下跌行情不能持续了。方框处是第一次探底，而圆圈处是第二次探底，这是怎么判断的呢？首先，第二次探底的低点一般要高于前期的低点；其次，在第二次探底后价格能站上布林通道中轨。

图 6-13 焦煤 2009 合约 5 分钟 K 线走势图

如图 6-14 所示为沪锡 2008 合约 5 分钟 K 线走势图，该合约价格跌破布林通道的中轨，最低跌至 136420 点，这是第一次探底。判断第二次探底的标准是第二次探底的低点高于第一次探底的低点，当发现价格第二次探底（圆圈处）无法突破第一次探底的低点，并且无法跌破布林通道下轨时，只要价格再次站上布林通道中轨，我们就可以以此为依据进场做多。

图 6-14 沪锡 2008 合约 5 分钟 K 线走势图

这种二次探底做多法的进场方法的案例在实际行情中非常多见，在图 6-15 所示的纸浆 2009 合约 5 分钟 K 线走势图中，该合约价格一路下跌，最低跌至 4370 点，然后开始反弹。在没能确定行情是否反转的时候我们先称这种情况为反弹，什么时候才能认为行情可能会触底反转了呢？这就要用到笔者刚刚讲的二次探底做多法的特征来判断了。当价格出现新低后的第二次探底不破前低（圆圈处），并且价格能有效地站上布林通道的中轨之上时，我们就可以初步认定行情可能出现了反转，并以此为依据进场做多。

图 6-15　纸浆 2009 合约 5 分钟 K 线走势图

6.4　假摔进场做多法

假摔进场做多法是针对假跌破前期低点的一种进场做多的方法。合约价格跌破前期低点是投资者经常遇到的事情，有的跌破能够持续下跌，是有效跌破；而有的跌破却半途而废，刚刚跌破前期的低点就马上掉头向上，这种就是无效跌破。一般来讲，跌破往往是行情还有下跌空间的表现，当行情有效跌破横盘整理平台的下沿或三角形、旗形、箱形等整理形态的下沿时，价格常会出现一定的跌幅。主力就利用这种投资者普遍的认知，在图形上制造整理形态的向下假跌破，尤其是在相对底部阶段，目的是吸引投资者跟进，我们称之为"假摔现象"。当行情出现"假摔现象"后，一般并不能持续多久，当价格跌破前期的低点后，短时间内又回到前期的低点之上，我们就可以以此为依据进场做多。

如图 6-16 所示为铁矿石 2009 合约 5 分钟 K 线走势图，该合约价格一路下跌，在出现了阶段性的低点后再次下跌，跌破了前期的低点，最低跌至 748.5 点，但是下跌行情并没有持续，在短时间内就重回前期的低点之上，因此这次下跌为假跌破，当价格再次回到前期低点的上方时可进场做多。同时，在图 6-16 中的圆圈处，这次行情的跌破是一根代表底部反转的 K 线形态"锤头线"，也印证了这次跌破是假跌破。

图 6-16　铁矿石 2009 合约 5 分钟 K 线走势图

如图 6-17 所示为粳米 2009 合约 60 分钟 K 线走势图，该合约价格一路下跌，出现了阶段性的低点（两个圆圈处），然后一根 K 线突然继续向下跌破前期的低点，行情最低跌至 3388 点，但是这次跌破前低点的行情并没有持续，短时间内又回到了前期的低点之上，而且这次的假跌破同样是一根代表底部反转的 K 线形态"锤头线"。当价格再次回到前期的低点之上时，就是投资者进场做多的时机。这里笔者用粳米 2009 合约 60 分钟 K 线走势给读者举例，是想说明这本书中的技术是不分周期的，用 3 分钟、5 分钟、15 分钟短周期进场就是短线交易，用 1 小时周期进场就是波段交易，用日线周期进场就是中长线交易，一套好的交易技术应该什么周期都适用，除非是有针对性的技术，比如高频交易、日内短线交易等。

图 6-17　粳米 2009 合约 60 分钟 K 线走势图

如图 6-18 所示为硅铁 2010 合约 60 分钟 K 线走势图，该合约价格前期的低点（圆圈处）被后面的一根"锤头线"跌破，可以看一下这根"锤头线"的力度有多大，使得行情最低跌至 5286 点。在实际交易中经常会遇到一类投资者，他们在行情暴跌的第一时间就进场，害怕会错过这波下跌红利，但很多行情在突破下跌的时候力道非常大，往往给人一种真跌破的感觉，但是当投资者匆匆忙忙进入市场后，好像和投资者对着干似的，又慢慢地回到了原来的低点之上，经常吃这种亏的投资者绝对不在少数。当再遇到这种行情的时候，一定要确定此次跌破是真实的再进场，如果发现价格跌破前期的低点后短时间内又回到前期的低点上方，就可以以此为依据进场做多，尤其被跌破的那根 K 线还是代表着行情触底反转的锤头线。

图 6-18　硅铁 2010 合约 60 分钟 K 线走势图

如图 6-19 所示为五年国债 2009 合约 60 分钟 K 线走势图，该合约价格跌破了前期的低点，最低跌至 100.910 点。很多投资者可能会在价格跌破前期的低点后进场做空，若笔者看到价格跌破前期的低点后能站稳，也可能会进场做空。注意，进场后的第一时间要做好止损，因为行情并不一定按照我们的预期运行，如果不按我们的预期来运行，就要及时止损出场。笔者之前讲过，做期货必须支付的成本是手续费、点差和合理的止损，我们要把止损当作交易最重要的一部分，若止损做不好，也就等于期货做不好。如果在这种行情中投资者进场做空被止损了，那就接受失败，然后马上调整心态，当价格重新站上前期的低点时，我们就可以用假摔进场做多法进场做多。

图 6-19　五年国债 2009 合约 60 分钟 K 线走势图

6.5　高开做多法

开盘价对盘中行情有什么样的指引呢？其实开盘价就是对隔夜信息的消化，如果某个品种当天是跳空高开，则意味着这个品种当天为多头行情，即投资者通过对隔夜信息的分析看好今天的多头行情，所以多头能量非常强。

还记得笔者前文讲的开盘价是怎样产生的吗？开盘价是开盘前 5 分钟投资者通过集合竞价的方式产生的。开盘价高开是指当天第一笔撮合的价格高于前一个交易日的收盘价格，一般意味着投资者对市场未来的走势看多。开盘价高开还有一个含义，那就是多头主力拉高出货。所以，我们遇到开盘价高开的行情，一定不要认为今天的行情就是以看多为主，还要警惕价格冲高后高开低走的情况，下面先讲一下高开高走的做多方法。

如图 6-20 所示为热卷 2010 合约 5 分钟 K 线走势图,该合约前一天的收盘价是 3620 点,同时前一天的最高点也在 3620 点附近,当天的开盘价高开在前天的高点之上,当我们发现今天的开盘价高开时一定不要急于进场,因为并不是开盘价高开,行情就一定会高走。在图 6-20 中,热卷合约在高开后连拉两条阳线,然后进行短暂的回调整理,此时的回调可能会受到 5 日均线、10 日均线或者 30 日均线的支撑,那么此时就用之前讲过的"10 日均线做多法"的技巧进场做多。这种高开高走不破前一天最高点的行情属于强势行情,进场胜算大。

图 6-20 热卷 2010 合约 5 分钟 K 线走势图

如图 6-21 所示为黄金 2012 合约 5 分钟 K 线走势图,该合约当天的开盘价开在了前一天的最高点之上,但是和图 6-20 热卷 2010 合约 5 分钟 K 线走势不同的是,行情并没有高开后就立刻高走,而是在高开后出现了回调。价格一度回调,跌破了前一天的高点,但是短时间又回到了前一天的高点之上,还记得前面讲过的"假摔进场做多法"吗?若行情再次回到前一天的高点之上，就意味着前一天的高点对行情起到了支撑的作用，那么我们就可以以此为依据进场做多。这种跌破前一天的高点后再次回到前一天高点之上的做多行情，不如图 6-20 中高开后直接就高走的行情强。从图 6-21 中高开后的回调跌破前一天高点的动作可以看出，空头在开盘后还是进行了反抗，只是反抗失败而已，而在图 6-20 的行情中，开盘后空头基本上没做任何抵抗，合约价格就一路上涨。

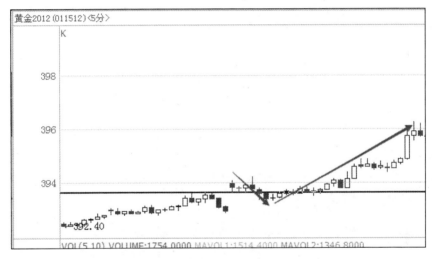

图 6-21　黄金 2012 合约 5 分钟 K 线走势图

如图 6-22 所示为沪锡 2008 合约 5 分钟 K 线走势图，该合约当天的开盘价高开后，瞬间下跌到前一天的最高点之下，又马上回到了前一天的高点之上，甚至回到了当天的开盘价之上，这种行情意味着多头能量非常强。看一下当天开盘的第一根 K 线的形态，有的人说这是"螺旋桨"形态。"螺旋桨"形态的 K 线实体非常小，上下影线非常长，并且上下影线长度基本一样。当行情走势中出现"螺旋桨"形态时，就意味着多空能量持平，行情进入纠结状态。

图 6-22　沪锡 2008 合约 5 分钟 K 线走势图

在图 6-22 K 线走势中可以看出，当天开盘的第一根 K 线并不是传统意义上的"螺旋桨"形态，因为从这根 K 线上下影线的比例不难看出，下影线占据着主导地位，其实我们应该把这根 K 线看作一个变异的底部"锤头线"，当这根"锤头线"走完，我们就可以进场做多了，这种高开高走的行情也是比较强的。

如图 6-23 所示为沪铅 2008 合约 5 分钟 K 线走势图，该合约当天的开盘价高开后，多次回调到前一天的高点附近并受到支撑，当行情多次运行到一个价格附近且受到支撑时，就意味着这个价格附近对行情支撑非常强烈，笔者前面讲过常被用作支撑和阻挡的点位中就有前期的高点，那么在图 6-23 中，前期高点就是前一天的高点。当价格每次回调到前一天的高点且受到支撑时，就是一次进场做多的机会。注意回调一定要缩量（圆圈处），再次上涨一定要增量（方框处），这样的上涨才可信，上涨行情才会持久。

图 6-23　沪铅 2008 合约 5 分钟 K 线走势图

6.6　低开做多法

在第 6.5 节中讲解了高开做多法，下面给读者介绍低开做多法。高开是指当天第一笔撮合的价格高于前一个交易日的收盘价格，一般意味着投资者对市场未来的走势看多。低开正好相反，指开盘交易的第一笔成交价低于前一个交易日的收盘价格，一般意味着期货市场上一定发生了对卖方极其有利的基本面事件，投资者对市场未来的走势看空。但不管是开盘价低开，还是投资者看空，这都只能代表刚开盘行情的表现，并不代表一整天的行情。当开盘价低开后，若行情不能按照预期的下跌，那么只要行情反弹到前一天的低点之上，我们就可以以前一天的低点为依据进场做多。

如图 6-24 所示为 IH2007 合约 5 分钟 K 线走势图，该合约当天低开，意味着在开盘前 5 分钟集合竞价的时候，卖方的投资者明显地多于买方的投资者，所以才会出现低开的现象。低开也意味着开盘的时候，参与集合竞价的大多数投资者希望今天行情下跌，但是当天行情的下跌不是由一个低开就能决定的，低开只能代表少部分参与了集合竞价的投资者的意愿，但大部分投资者并没有参与集合竞价的习惯。

在图 6-24 走势图中，低开后价格并没有按照参与集合竞价的投资者的预期下跌，当我们发现价格无法下跌，而反弹到前一天的低点上方（圆圈处）时，就可以以前一天的低点被突破为依据进场做多，前一天低点被突破的时候一定要有量能的配合，这样上涨的可能性才更大。

图 6-24　IH2007 合约 5 分钟 K 线走势图

如图 6-25 所示为燃油 2009 合约 5 分钟 K 线走势图，该合约当天低开后最低下跌至 1667 点，然后开始反弹，当价格反弹到前一天的最低点附近时，我们可以看到行情开始反复震荡（方框处）。笔者在前文中讲过，当行情运行到某一点位时候，若出现横盘震荡整理的走势，则意味着这个价格区间对行情起到了支撑或压制的作用。图 6-25 中的合约价格反弹到前一天的最低点附近，然后出现了震荡走势，就意味着前一天的最低点对行情的上涨起到了压制作用。当行情经过了一波震荡走势后，有效地站到前一天的最低点之上，我们就可以以前一天的最低点被突破为依据进场做多。若价格在前一天的最低点之上，则前一天的最低点的压制作用就变成了支撑作用，只要价格再次回到前一天的最低点附近（圆圈处）受到支撑，我们就可以以前一天的最低点为依据进场做多。

图 6-25　燃油 2009 合约 5 分钟 K 线走势图

如图 6-26 所示为黄金 2012 合约 5 分钟 K 线走势图，该合约当天低开后，在前一天的最低点下方进行了一段横盘整理，然后突破前一天的最低点（圆圆处）。当价格突破了前一天的最低点后，前一天的最低点对价格的压制作用就变成了支撑作用，只要价格回调到前一天的最低点附近（箭头处）并受到支撑，我们就可以以前一天的最低点为依据进场做多。要记住，当价格突破前一天最低点的时候一定要有量能的配合，同时上涨的时候也要有量能的配合，才可能有持续的上涨行情。

图 6-26 黄金 2012 合约 5 分钟 K 线走势图

第 7 章

短线高胜算做空技巧

7.1　10日均线做空法

在第 6.1 节中讲解了 10 日均线做多法，下面讲解 10 日均线做空法。10 日均线也被称为"操盘线"，可见它在期货交易中的重要性。10 日均线的主要功能是对行情起到支撑或压制的作用。10 日均线做多法通过 10 日均线的支撑作用进场做多，而 10 日均线做空法通过 10 日均线的压制作用进场做空。

如图 7-1 所示为苹果 2010 合约 5 分钟 K 线走势图，我们看到该合约价格经过了急跌之后，出现了横盘整理，其实急跌后横盘整理的目的就是在找均线阻挡，然后开始新一轮的下跌。当价格横盘运行到 10 日均线附近（圆圈处）并受到 10 日均线的压制时，我们就可以以 10 日均线为压力线进场做空。一般，下跌行情中的横盘时间要短于上涨行情中的横盘时间，并且下跌行情的流畅性要好于上涨行情的流畅性。很多从股票市场转过来的投资者大多只愿意做多，因为做股票习惯了看涨行情，建议从股票市场转过来的投资者尝试做空单，尤其是期货短线交易。

图 7-1　苹果 2010 合约 5 分钟 K 线走势图

如图 7-2 所示为 PTA2009 合约 5 分钟 K 线走势图，该合约价格在有效地跌破 5 日均线、10 日均线、30 日均线后，出现了一根大阴线的急跌。很多投资者经常看到一根大阴线或一根大阳线的急跌或急涨行情就立刻追进去，往往买在最高价、卖在最低价。正确的交易思路是，仕急跌后，等价格回调或反弹到均线附近并受到压制时，受到压制的那根 K 线（圆圈处）就是进场点，可以以 10 日均线为依据进场做空。这种做空方法的好处就是，进场之后行情有可能开始新一轮的下跌。如果 30 日均线也是向下运行的，那么就意味着下跌趋势已经形成，进场的胜算更大，如果是日内短线交易，则仓位可以大一点。

图 7-2　PTA2009 合约 5 分钟 K 线走势图

　　如图 7-3 所示为乙二醇 2009 合约 5 分钟 K 线走势图，在行情并始下跌后，该合约价格在 5 日均线、10 日均线、30 日均线下方运行，当看到一根阴 K 线从上往下跌破 5 日均线和 10 日均线（圆圈处）时，我们就可以以此为依据进场做空。这种做空方法的好处就是，进场后行情可能会立即启动。这种进场方法类似于笔者在《期货日内短线复利密码》一书中介绍的"断头铡刀做空法"，但是它的胜算比"断头铡刀做空法"的胜算还要大一些，并且该方法的信号比"断头铡刀做空法"信号出现的频率更高。

图 7-3　乙二醇 2009 合约 5 分钟 K 线走势图

如图 7-4 所示为黄豆一号 2009 合约 5 分钟 K 线走势图,该合约价格在 30 日均线下方运行且受到 30 日均线的压制,连着出现两根阴线,第一根阴线从上往下跌破 5 日均线和 10 日均线(第一个圆圈处),价格在反弹到 10 日均线后又受到压制(第二个圆圈处),我们可以以此为依据进场做空。这种两根阴 K 线的行情,要比一根阴 K 线受到 10 日均线压制的行情下跌的可能性更大。我们在实际交易中一定要做到"知行合一",看到信号立刻进场,很多时候犹豫不决会错过最佳的进场时机,也别怕做错行情,因为即使做错行情,我们的风险也是可控的。

图 7-4　黄豆一号 2009 合约 5 分钟 K 线走势图

7.2　破轨反弹做空法

布林通道指标的作用是定义行情相对的最高价和最低价,布林通道上轨附近的价格就是最高价,布林通道下轨附近的价格就是最低价。布林通道由三条轨道线组成，其中上下两条线可以分别看成价格的压力位和支撑位，这两条线之间的中轨就是价格的平均线，笔者在前文中讲过，中轨其实就是 26 日移动平均线。在实际交易中可以把中轨的跌破或者是突破作为中短期行情转市的信号。破轨反弹做空法是价格跌破布林通道中轨之后，反弹再次受到中轨的压制，就可以以中轨的压制为依据进场做空。期货的指标有很多，布林通道指标相对其他指标而言算是比较好用的。

如图 7-5 所示为黄豆一号 2009 合约 5 分钟 K 线走势图，布林通道上下轨开始收缩，行情进入了震荡整理阶段，会围绕着中轨上下穿越，当看到价格跌破中轨后（圆圈处）的反弹受到中轨的压制，并且再次下跌时能跌破前期的低点，就可以以此为依据进场做空。布林通道上下轨收缩到极致后的开口是行情启动的开始。

图 7-5　黄豆一号 2009 合约 5 分钟 K 线走势图

如图 7-6 所示为铁矿石 2009 合约 5 分钟 K 线走势图，布林通道上下轨在收缩到极致后突然跌破中轨（圆圈处），并且在反弹到中轨附近时受到压制，再次下跌时能跌破前期最近的低点，我们就可以以此为依据进场做空。在实际交易中我们一定要顺势而为，当价格跌破布林通道的中轨开始下跌后，只要价格反弹到中轨附近受到压制就可以进场做空。当行情在布林通道中轨和下轨之间运行时，千万不要自作聪明地去抄底，如果要判断可能出现的底部，就使用布林通道和 MACD 技术配合判断行情底部的方法，但是一定要记住，任何期货技术都是相对的。

图 7-6　铁矿石 2009 合约 5 分钟 K 线走势图

如图 7-7 所示为苯乙烯 2009 合约 5 分钟 K 线走势图，布林通道上下轨在经过开口后逐渐收缩。布林通道上下轨开口意味着有行情，而缩口就意味着行情进入了震荡整理阶段。当我们发现价格跌破了布林通道的中轨后，反弹不冲破中轨，再次下跌能跌破前期的低点，就可以以此为依据进场做空。笔者喜欢用布林通道的中轨来进行交易的原因是布林通道中轨和均线相比较，可以更紧密地跟随价格波动的方向。如果布林通道中轨有明确的上涨或下跌的方向，就顺着中轨的方向交易，基本不会造成大的亏损，而且因为布林通道中轨是 26 日移动平均线，所以可以使用均线判断趋势的方法来运用中轨。

图 7-7 苯乙烯 2009 合约 5 分钟 K 线走势图

如图 7-8 所示为硅铁 2010 合约 5 分钟 K 线走势图，该合约前一天的行情都是震荡行情，在尾盘收盘有一波小幅上涨行情。我们在实际交易中，开盘后的 15 分钟和收盘前的 10 分钟尽量多看少做，不能因为收盘前几分钟行情急涨或急跌就盲目跟进，因为收盘前几分钟的急涨或急跌行情并不是真实行情的体现，很多时候都是多方或空方收盘前获利了结的体现。若在前一天收盘前急拉两根 K 线，那么当天开盘就会一根大阴线下跌（圆圈处），如果在前一天收盘前投资者盲目进场追多，那么当天就很容易被套。当天开盘一根大阴线急跌后，行情反弹的幅度并不是太大，价格刚刚反弹到布林通道中轨处就掉头向下了，当发现价格跌破前期的低点时，就可以以此为依据进场做空。

如图 7-9 所示为锰硅 2009 合约 5 分钟 K 线走势图，当价格上破布林通道的中轨后（下方圆圈处），回调受到中轨的支撑，可以以此为依据进场做多。当价格跌破布林通道中轨（上方圆圈处）后，反弹受到中轨压制，就可以以此为依据进场做空。一般期货软件中布林通道的默认值是（26,2）。布林通道中轨的值其实就是 26 日均线的值。看过笔者其他作品的读者可能知道，笔者设置均线一般只保留 5 日均线、10 日均线和 30 日均线，而 30 日均线既不像 5 日均线、10 日均线那样频繁波动，又不像 60 日均线甚至半年的线那样滞后，所以 30 日均线可以作为行情反转的标志。那么和 30 日均线比较接近的布林通道中轨也就有了 30 日均线的功能。投资者在使用布林通道指标的时候，可以把跌破中轨作为行情转市的信号来看待。

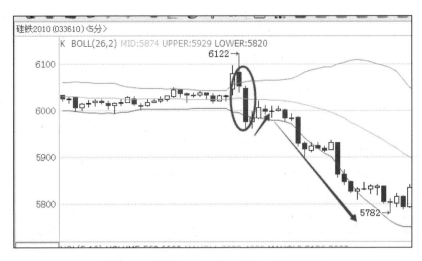

图 7-8　硅铁 2010 合约 5 分钟 K 线走势图

图 7-9　锰硅 2009 合约 5 分钟 K 线走势图

7.3　二次冲顶做空法

二次冲顶做空法是二次探底做多法的姊妹篇，指的是价格出现了一路单边上涨行情，有过第一次冲破布林通道上轨的情况，但是不是所有的上涨行情冲破上轨都是二次冲顶做空法中的第一次冲顶，决定它是不是第一次冲顶的条件是，接下来价格回调后的再次上冲无法突破前期的高点，那么无法突破的前面的那个高点就是二次冲顶做空法的第一次冲顶，价格回调后的再次上冲就是二次冲顶。若价格跌破布林通道的中轨，我们就认为这是二次冲顶失败。如果价格跌破布林通道的中轨，并且反弹受到中轨的压制，我们就可以以此为依据进场做空。

如图 7-10 所示为纸浆 2009 合约 5 分钟 K 线走势图，可以看到该合约价格第一次冲高到 4420 点，也曾一度冲高上破布林通道的上轨，但是为什么说它不是我们现在要讲的二次冲顶破轨做空法中的第一次冲顶呢？因为刚刚讲过，是否是第一次冲顶是由冲顶后接下来的二次冲顶能否破前高来决定的。当行情冲顶至 4420 点后，回调再次冲顶无法突破 4420 点这个前期的高点。当价格跌破布林通道的中轨（圆圈处），并且跌破中轨反弹受到中轨的压制时，我们就可以以此为依据进场做空，这就是"二次冲顶做空法"。

如图 7-11 所示为沪锡 2009 合约 5 分钟 K 线走势图，该合约走势图与图 7-10 纸浆 2009 合约的 5 分钟 K 线走势的不同点在于，图 7-10 的 K 线走势二次冲顶不冲破前期的高点，而图 7-11 K 线走势突破了前期的高点，也就是说二次冲顶成为新的高点（图 7-11 中的 138 980 点）。投资者在实际交易中，如果遇到这种二次冲顶突破了前高点的行情，但是短时间能回到前高点之下，则可以当作上涨途中的假突破来看待。投资者进场的依据还是二次冲顶后的价格下跌，价格跌破布林通道的中轨（圆圈处）后反弹，并且受到中轨的压制，我们就以此为依据进场做空。

图 7-10　纸浆 2009 合约 5 分钟 K 线走势图

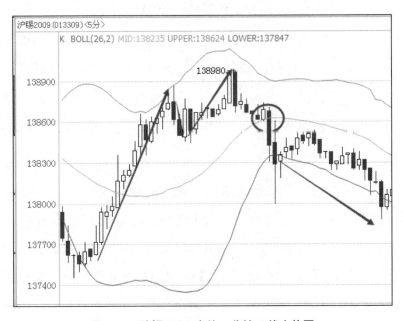

图 7-11　沪锡 2009 合约 5 分钟 K 线走势图

如图 7-12 所示为甲醇 2009 合约 5 分钟 K 线走势图，该合约价格最低跌至 1718 点，跌破中轨后反弹上涨，在上涨的过程中价格多次突破上轨（圆圈处），当价格再次突破布林通道上轨（方框处）时，行情下跌且跌破布林通道中轨，并无法返回中轨之上，我们就以此为依据进场做空。任何期货技术都不是百分之百胜算的，一种进场方法只要胜算在 60%以上就值得投资者坚持使用，但是尽量不要用单一的进场方法来判断行情，比如只使用"二次冲顶做空法"胜算也不一定大，一定要将几种技术配合使用，每次进场有多个进场条件"共振"，才能提高我们每次进场的成功率。

图 7-12　甲醇 2009 合约 5 分钟 K 线走势图

7.4　假摔进场做空法

假摔进场做空法是针对行情假突破后的一种进场做空方法，有时价格在突破前期高点的那一瞬间行情非常猛，经常只几分钟甚至几秒钟，一根大阳线就上冲几十个点甚至上百个点，给人一种能直接涨停的感觉。当我们发现行情向上突破前方重要的压力位，在短时间内又回到了前期的高点之下时，我们就以前期的高点被跌破为进场点来进场做空，尤其是在相对顶部阶段。"假摔进场做空法"就是期货市场中的那句话："假突破防真跌破"。主力资金打算让行情在向下跌之前做一个向上涨的假象，来诱多散户，其实主力的真实意图是要行情让下跌。

如图 7-13 所示为黄豆二号 2008 合约 5 分钟 K 线走势图，该合约行情一路上涨，在出现了阶段性的高点后进入了横盘震荡阶段。此时我们把前期的高点画一条水平线，发现价格突破了前期的高点，最高至 3129 点，在短时间内又回到了前期的高点之下，并且突破前高点的那根 K 线是一个典型的见顶信号 K 线射击之星（圆圈处）。一般假突破都会伴随着顶部的 K 线反转形态出现，如"射击之星""黄昏之星""倾盆大雨""乌云盖顶"等。当发现价格突破前期的高点后，短时间内又回到了前期的高点之下时，我们就可以以此为依据进场做空。

图 7-13 黄豆二号 2008 合约 5 分钟 K 线走势图

如图 7-14 所示为锰硅 2009 合约 5 分钟 K 线走势图，该合约价格一路
上涨，出现了两个相对的高点（圆圈处），此时我们连接这两个高点画一条
水平线，当价格经过短暂的回调向上突破前期的高点（方框处），最高至 4606
点后，短时间内又回到前期的高点之下，我们就可以以此为依据进场做空。
"假摔进场做空法"的要点是，价格突破前期的高点后，在短时间内又回到
前期的高点之下。这个"短时间"怎么定义呢？一般在行情拉出 10 根 K 线
内的时间，当然突破后，在前期高点上的 K 线越少，跌破前期高点后的下
跌就越真实。

图 7-14　锰硅 2009 合约 5 分钟 K 线走势图

如图 7-15 所示为 IH2007 合约 5 分钟 K 线走势图，这个实例和前两个
实例有所不同。IH2007 合约价格一路上涨，形成了阶段性的高点 2910 点，
此时我们首先要做的就是在这个高点上画一条水平线，合约价格在突破了
前期的高点后没多久就收盘了。我们看到的一根大阴线，其实是当天开盘
的第一根 K 线。因此，在实际交易中，收盘前的向上突破或向下跌破都不
要追，因为投资者进场的目的是盈利，盈利的首要前提是行情上涨或下跌
要有盈利的空间，其次还要有足够的时间让行情运行。

图7-15　IH2007合约5分钟K线走势图

　　像图7-15这个实例，在收盘前几根K线突破了一天的高点，这时投资者刚刚进场就收盘了，第二天开盘价的高开或低开是投资者无法控制的。若在前一天收盘前根据价格突破前期的高点进场做多，第二天开盘变成大幅度的低开，直接把多单套牢，就会造成严重的损失。在图7-15中，第二天开盘价格低开后冲高无果，又跌回了前一天的高点之下，我们就可以以此为依据进场做空。

　　如图7-16所示为鸡蛋2008合约5分钟K线走势图，该合约价格一路下跌，出现了阶段性的低点（圆圈处），我们第一时间用这个低点画一条水平线。当价格跌破此低点，最低跌至3507点后，短时间内又回到了前期的低点之上，我们就以此为依据进场做多。同时，在3507低点典型的底部反转K线组合"曙光"出现，更加证明了此时下跌可能是假跌破。投资者在实际交易中只要发现价格突破前期的高点或跌破前期的低点，又能短时间内回到原高点或低点内，我们就可以用"假摔进场做空法"或"假摔进场做多法"来应对。

图 7-16　鸡蛋 2008 合约 5 分钟 K 线走势图

7.5　低开做空法

还记得笔者在前文中讲过的开盘价是怎样产生的吗？开盘价是开盘前 5 分钟投资者通过集合竞价的方式产生的。低开是指当天第一笔撮合的价格低于前一个交易日的收盘价格，一般意味着投资者对市场未来的走势以看空为主。但是，当我们遇到低开的行情时，一定不要认为今天的行情就以下跌为主。合约价格是否低走，不是仅凭开盘价就能决定的，还要看开盘后行情是否配合，下面笔者就给读者讲解"低开做空法"。

如图 7-17 所示为燃油 2009 合约 5 分钟 K 线走势图，前一天的最低点大概在 1770 点附近，当天的开盘价为低开，随后价格开始上涨，当价格上涨到前一天的低点附近受到压制时，我们就可以以前一天的低点作为进场做空的依据。如果价格上涨到前一天的低点附近还出现了典型的顶部反转 K 线组合，比如"射击之星""倾盆大雨""黄昏之星"等，那么行情下跌的可能性就更大。这种情况使用"低开做空法"是顺势而为，进场的胜算大，如果同类品种也是低开低走，那么下跌的可能性就更大。

图 7-17　燃油 2009 合约 5 分钟 K 线走势图

如图 7-18 所示为五年国债 2009 合约 5 分钟 K 线走势图，前一天的最低点在 101.8 点附近，当天的开盘价属于大幅低开的情况，大幅低开导致多头对当天的上涨行情失去了信心，低开后明显上涨动能不足，离前一天的最低点还有很大空间就转头向下，这种行情投资者就不能以前一天的低点为进场做空的标准了，因为行情并没有在涨到前一天的低点附近时受到压制。只要看到行情上涨无力，在价格跌破当天的开盘价时就可以进场做空了。在实际交易中，一定要针对不同的行情灵活地运用"低开做空法"进场。

如图 7-19 所示为燃油 2009 合约 5 分钟 K 线走势图，该合约当天的开盘价同样开在前一天的低点之下，但是低开的幅度不大，价格上冲前一天的低点后立刻掉头向下，并且当天开盘后的两根 K 线组成了一个典型的顶部 K 线反转形态"倾盆大雨"，我们可以以价格上涨到前一天的低点附近受到压制，并且出现典型的顶部 K 线反转形态"倾盆大雨"为依据进场做空。

这种顺势的行情进场胜算大、止损少，下方的盈利空间大，如果与其他同类品种联动性好，则仓位可以大一点。

图 7-18　五年国债 2009 合约 5 分钟 K 线走势图

图 7-19　燃油 2009 合约 5 分钟 K 线走势图

7.6　高开做空法

开盘价是开盘前 5 分钟投资者通过集合竞价的方式产生的。开盘价高开是指当天第一笔撮合的价格高于前一个交易日的收盘价格，一般意味着投资者通过集合竞价对市场未来的走势以看多为主，但并不是当天高开，价格就一定会走高，开盘价并不能代表所有投资者的意愿。因此，我们遇到高开的行情，一定不要认为当天的行情就是以上涨为主的。高开是否能高走，不是仅凭开盘价就能决定的，还要看开盘后行情是否配合，高开后行情也可能走低。

如图 7-20 所示为焦炭 2009 合约 5 分钟 K 线走势图，该合约当天的开盘价开在了前一天的高点之上，并高开高走，最高上涨至 1984 点，然后开始下跌，当价格跌破了前天的高点（圆圈处）时，我们就可以以此为依据进场做空，前一天的高点被跌破就是进场做空的依据。

图 7-20　焦炭 2009 合约 5 分钟 K 线走势图

如图 7-21 所示为五年国债 2009 合约 5 分钟 K 线走势图，该合约当天高开，并在高开后一路上涨，最高涨至 101.705 点附近，然后价格开始回落。但价格在跌到前一天的高点附近时没有受到前一天的高点支撑，当价格跌破前一天的高点（圆圈处）后，我们就可以以前一天的高点为依据进场做空。高开，前一天的最高点就会对价格起到支撑的作用；低开，前一天的最低点就会对价格起到压制的作用。高开后，价格回调到前一天的最高点附近，受到前一天的最高点支撑，就可以做多；如果价格跌破前一天的最高点，就以前一天的最高点被跌破为依据进场做空。

图 7-21　五年国债 2009 合约 5 分钟 K 线走势图

如图 7-22 所示为棕榈油 2009 合约 5 分钟 K 线走势图，该合约当天的开盘价开在了前一天的最高点之上，上冲至 5196 点后开始回落。价格第一次跌至前一天的最高点附近时受到支撑，很多投资者可能看到行情受到前一天最高点的支撑，就以此为依据进场做多。这里进场做多是正常的，但是一定记住，在做多后如果价格跌破了前一天的最高点，我们就要多单止损出局了。当价格跌破前一天的最高点时，我们同样可以以前一天的最高点被跌破为依据进场做空。前一天的最高点对价格起到了支撑和压制的作用，若价格在前一天的最高点之上，前一天的最高点对价格就起到支撑作用；若价格跌破前一天的最高点，前一天最高点的支撑作用就变成了对行情的压制作用。我们看一下图 7-22，在价格跌破前一天的最高点后，多次反弹到前一天的最高点附近时都受到了压制。

图 7-22　棕榈油 2009 合约 5 分钟 K 线走势图

如图 7-23 所示为沪铜 2008 合约 5 分钟 K 线走势图，该合约前一天的行情属于单边上涨行情，当天惯性地高开，但是高开并不代表接下来的行情会高走，高开后价格最高上涨到 47930 点，然后开始下跌，当价格跌破前一天的最高点后，我们就可以以前一天的最高点被跌破为依据进场做空。进场后行情可能会有反复，但是只要将止损设置合理，一般不会被行情“洗出去”。

图 7-23　沪铜 2008 合约 5 分钟 K 线走势图

第 8 章

三种短线止盈出场技巧

笔者在 2018 年出版的《期货日内短线复利密码》一书中讲了 3 个止盈出场的方法，在图书出版后收到许多读者的反馈，希望笔者在后续的著作中再多讲一些关于止盈出场的交易技巧。为了满足广大读者的需求，下面讲解三种止盈出场的交易技巧。

止盈的方法有主动止盈和被动止盈，可适用于不同风格的交易。主动止盈和被动止盈又因为参考的指标等不同而有不同的离场。被动止盈指的是行情没有走出我们的预期，我们不得不止盈出场，比如在《期货日内短线复利密码》一书中所介绍的破均线出场技巧。主动止盈指的是行情本来走出了我们的预期，但是 K 线行情走势或指标出现的某种特征及信号说明行情可能即将走偏，我们根据这些信号及特征的提醒，而选择主动平仓止盈出场，比如在《期货日内短线复利密码》一书中介绍的波浪理论对等出场技巧。

下面将要讲解的这三种止盈出场技巧都属于主动止盈出场的方法，本书主要讲的是期货短线交易，期货短线交易经常会用到主动止盈出场法。主动止盈的逻辑就是认为行情到了支撑位或阻力位而盈利出场，还有就是此次交易已经到达了自己心里盈利的预期，忍受不了回撤太多那就主动止盈。无论选择主动止盈出场还是被动止盈出场，都会因此捕捉到一些行情或错过一些行情，所以两种出场方法都是利弊并存的，投资者只能根据自身的交易风格、持仓能力及不同的行情来选择不同的出场方法。

8.1　缩量冲高出场法

很多投资者都知道价格上涨的动能来源于成交量，理想的上涨行情是价格上涨的同时成交量也随之增加，这种价格上涨才是真实量能推动的结果，才是良性的上涨，此时进场做多的胜算大。当我们发现价格还在继续上涨，而成交量却不能随着上涨，那么有可能上涨行情出现了停歇甚至反转，如果在出现此种行情时持有多单，就要减仓或者全平。

如图 8-1 所示为铁矿石 2009 合约 5 分钟 K 线走势图，该合约价格一路上涨，在 785 点附近形成了一个相对的高点，稍做调整后再次冲高上涨，最高上涨至 786.5 点。如果单纯地从 K 线形态上看，可能很多投资者都会根据价格突破前期高点为依据进场做多，但是仔细看一下下面的成交量，价格冲高而成交量却在萎缩，那么此次价格冲高的动能是值得怀疑的。投资者在遇到这种多头行情的时候，若发现价格冲高但成交量不配合，那么持有的多单就要减仓或平仓出局。

图 8-1　铁矿石 2009 合约 5 分钟 K 线走势图

如图 8-2 所示为玉米淀粉 2009 合约 5 分钟 K 线走势图，可以看到该合约价格连续几个阳线上涨，这几根阳线下面的成交量也配合着同步放大，这种价量配合的上涨行情是最理想的。接下来价格继续上冲，下面的成交量却不再同步放大，形成了顶部的价量背离。这种顶部冲高缩量的走势，说明多头能量不足，行情可能到了阶段性的高点。没有成交量的支撑，价格不可能持续上涨，并且价格冲高还有诱多的嫌疑。当投资者遇到这种冲高缩量行情时，多单要减仓或出局。

如图 8-3 所示为乙二醇 2009 合约 5 分钟 K 线走势图，该合约价格从最低点 3657 点开始上涨，在上涨的过程中，一开始成交量还能配合着价格的上涨，但是在价格上涨到 3750 点后，下面的成交量极度地萎缩。当价格再次尝试上冲 3750 点时，下面的成交量还是不能有效地放大，那么此时如果持有多单，就在价格上冲 3750 点失败后进场减仓或平仓。对这种行情不要抱有太大的幻想，在价格持续上涨的过程中，需要成交量同步放大才能够对上涨趋势形成有力的支撑。如果价格持续上涨一段时间后，但成交量萎缩则说明随着价格的上涨，追高买进的投资者越来越少，这也是价格见顶下跌的信号。

图 8-2　玉米淀粉 2009 合约 5 分钟 K 线走势图

图 8-3　乙二醇 2009 合约 5 分钟 K 线走势图

如图 8-4 所示为苹果 2010 合约 5 分钟 K 线走势图，在行情的前期有一个阶段性的高点 8348 点，然后价格回落，随后在价格上涨的第一波行情和第二波行情中成交量都能配合，但是当行情再次上冲打算突破前期的高点 8348 点时，下面的成交量是萎缩的，那么这次上冲形成新一轮的上涨行情的可能性不大了。一旦行情形成了缩量上涨的走势，就说明价格上涨的动能不足，未来离顶部不远了。对于这样的行情，投资者应该注意风险，尤其是在缩量上涨前期还有重要的压力位，这时主动止盈出场即可。

图 8-4　苹果 2010 合约 5 分钟 K 线走势图

8.2　上级压制出场法

我们在实际交易中一般会把行情分为短期、中期、长期趋势进行分析，比如笔者喜欢做日内短线交易，选择的是 5 分钟周期进场，将 5 分钟作为短期趋势；会把 30 分钟周期或 60 分钟周期作为中期趋势，即是 5 分钟周期的上一级趋势；把日线走势作为长期趋势。当然，投资者在实际交易中可以根据自己的交易习惯来对短期、中期、长期趋势进行划分。上级压制出场法利用上一级别周期出现的重要支撑和压力位来进行止盈出场。

如图 8-5 所示为沪铅 2008 合约 5 分钟 K 线走势图,该合约价格上涨后出现了阶段性的高点 14645 点,然后开始下跌,这波下跌趋势非常符合笔者之前讲过的下跌趋势的特征。价格的高点不断地下移,低点也不断地下移,下跌趋势中下跌的时间和空间都要大于下跌趋势中反弹的时间和空间,这就是典型的下降趋势。如果我们从 5 分钟行情走势中无法找到可能会造成行情下跌受阻的支撑位,就可以在 5 分钟周期行情的上一级别周期里面找可能出现的支撑位。

图 8-5　沪铅 2008 合约 5 分钟 K 线走势图

如图 8-6 所示为沪铅 2008 合约 60 分钟 K 线走势图,在图中我们可以看到,此时价格刚好跌到 30 日均线并受到支撑,那么我们就可以以此为依据,把在 5 分钟周期里面的空单进行减仓或平仓。这种止盈方法非常简单,就是留意上一级别周期里面的支撑位或者压力位。现在很多投资者进行 5 分钟周期交易就只看 5 分钟周期行情,这样交易会看行情看得不够全面,一定要将多个周期相结合来分析行情,才能更好地发现进场机会,以及行情的支撑位和压力位,从而发现止盈目标位。这个实例通过 60 分钟周期的

30 日均线压制来找出可能出现的支撑位，从而判断 5 分钟周期下跌行情大概的止盈点位。

图 8-6　沪铅 2008 合约 60 分钟 K 线走势图

如图 8-7 所示为白银 2012 合约 5 分钟 K 线走势图，在价格跌破均线后投资者是可以进场做空的，但是进场后的目标位在哪里？我们的盈利空间有多大？这是很多投资者最想知道的。如果价格下跌，下方出现了强有力的支撑，那么下跌行情有可能止跌。通过找出下方的重要支撑位，就可以找出这笔空单大概的止盈点位。

图 8-7　白银 2012 合约 5 分钟 K 线走势图

如果单纯地从 5 分钟周期行情中很难确定下方重要的支撑位，这个时候我们可以看一下这个品种在 30 分钟周期或 60 分钟周期行情走势上有没有重要的支撑位。如果有，就可以用这个品种的 30 分钟周期或 60 分钟周期行情中的支撑位作为 5 分钟行情里面止盈的目标位。

如图 8-8 所示为白银 2012 合约 60 分钟 K 线走势图，我们可以看到，行情的下方有一条重要的上升趋势线，上升趋势线是交易方向的指引，同时对价格起到支撑或压制的作用。当价格在上升趋势线上方运行时，每次价格回调到上升趋势线附近，都会对价格起到支撑的作用。通过趋势线的这个功能我们可以发现，目前白银 2012 合约下方的重要支撑位是 4471 点，那么如果我们在 5 分钟周期里面进场做空，就可以通过 60 分钟周期上升趋势线的位置，判断出行情下方重要的支撑位是 4471 点，从而可以判断出这笔空单的第一止盈点位是 4471 点。

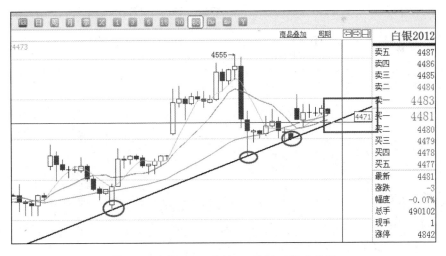

图 8-8　白银 2012 合约 60 分钟 K 线走势图

如图 8-9 所示为玉米 2009 合约 5 分钟 K 线走势图，由于行情软件的界面有限，可能读者看到的 5 分钟周期过去的行情如图 8-10 所示。

图 8-9 玉米 2009 合约 5 分钟 K 线走势图

在图 8-10 中，我们可以看到在合约前期的行情中没有任何压力位，那么行情上方没有任何压力位，就可以长期持有多单吗？我们把行情切换到 60 分钟周期走势中，看看是什么情况。

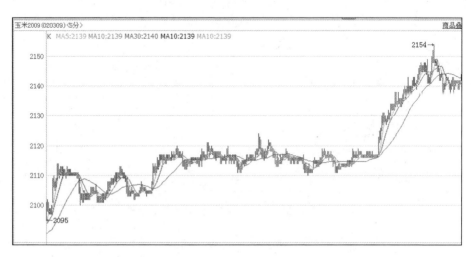

图 8-10 玉米 2009 合约 5 分钟 K 线走势图（过去行情）

如图 8-11 所示为玉米 2009 合约 60 分钟 K 线走势图，我们可以看到，玉米 2009 合约前期有一个重要的高点 2154 点，如果在交易中只看 5 分钟周期，则很难发现这个重要的前期高点。很可能在价格上涨到 2150 点附近滞涨时，你却不知道为什么，有可能还在盲目地持有这笔多单，如果在 60 分钟周期中发现了前期的这个重要高点 2154 点，那么当价格上涨到这个点位的时候，就能提前做出减仓或平仓的操作了。

图 8-11　玉米 2009 合约 60 分钟 K 线走势图

通过以上三个实例可知，在交易的过程中一定要留意上级趋势重要的支撑位及压力位，并且可以通过上级趋势的重要支撑位及压力位止盈出场。

8.3 AB=CD出场法

AB=CD出场法的原理就是，无论在期货行情中，还是在股票行情中，在连续的上涨或下跌行情中，每一次下跌或上涨的空间都和最近的前期下跌和上涨的空间相似。一般来说，CD段行情是BC段行情的1.27倍或1.618倍的延伸。或者可以通过测量AB段行情的长度来预判CD段行情。正如此出场法名字所示，AB=CD意味着AB段行情与CD段行情的上涨空间或下跌空间大体一致。这也是笔者主讲的"海陆空和谐交易法"课程里面的一个技术点。通过行情的这个规律，我们就可以通过AB段行情的上涨空间或下跌空间来判断CD段行情上涨空间或下跌空间，从而判断出止盈点位，让盈利最大化。

如图8-12所示为AB=CD走势示意图中，AB段行情的下跌长度等于CD段行情的下跌长度，CD段行情一般是AB段行情延伸的1.272～1.618倍。C点的位置在AB价格回撤位38.2%、50%、61.8%或78.6%处，C点不能超过A点之外，只能在AB价格范围之间。AB=CD是一个简单而强大的技术交易形态，虽然各种各样的条件可能会让其看起来比较复杂，但是一旦学会了，它就能给我们的交易带来很大的帮助。

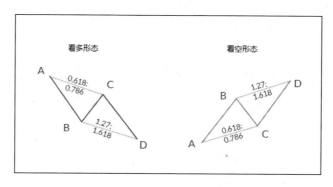

图8-12 AB=CD走势示意图

如图 8-13 所示为五年国债 2009 合约 5 分钟 K 线走势图，行情经过了
两轮下跌，如果在第一波下跌行情中投资者没有把握住机会，那么在第二
次下跌进场后，就可以通过第一波下跌的空间来简单地判断第二波下跌大
概的第一止盈点位。也就是第二波下跌的空间基本上和第一波下跌的空间
相等，但一定要知道这不是绝对的，只是行情经常这么走而已。为什么说
是第一止盈点位呢？因为 AB=CD 出场法属于主动平仓法，主动平仓法的
原理是若盈利符合我们的预期，则主动获利平仓，但是下跌行情并没走坏，
所以 AB=CD 一般用作第一止盈点位，但不一定是最终的止盈点位。

图 8-13　五年国债 2009 合约 5 分钟 K 线走势图

如图 8-14 所示为沪铜 2007 合约 5 分钟 K 线走势图，该合约价格从最
低的 47300 点一路上涨，到 47800 点完成了第一波的上涨，如果此次上涨
投资者没赶上，那么当价格回调或再次上涨就可以进场做多，第二波上涨
止盈点位可以用第一波上涨的空间初步来计算一下，第一波上涨的空间是
用 47800 点减去 47300 点，也就是 500 点。如果第二波上涨进场做多，则
第二波的第一止盈位就是第二波的最低点大概是 47400 点加上 500 点，即

47900点。无论我们在第二波上涨的什么点位进场做多，只要价格接近47900点，都要主动止盈出局。

图 8-14　沪铜 2007 合约 5 分钟 K 线走势图

如图 8-15 所示为沪镍 2008 合约日 K 线走势图，该合约价格从最高点146380 点一路下跌，第一波下跌最低跌至 120000 点左右，反弹后继续下跌，如果第一波下跌投资者没参与，则在第二波下跌时可以进场做空，如果第二波下跌进场做空，那么就可以通过第一波下跌的空间来判断第二波下跌的第一止盈点位。第一波下跌的空间就是用第一波下跌的最高点 146380 点减去第一波下跌的最低点 120000 点，也就是下跌了 26380 点。如果第二波下跌最高点是 140000 点，那么它的下方止盈点位就是 140000 点减去 26380点，等于 11362 点，即如果我们在第二波下跌时进场做空，那么第一止盈点位就是 11362 点附近。其实通过 AB=CD 止盈法能够很容易地算出再次下跌或者上涨的目标位。

图 8-15　沪镍 2008 合约日 K 线走势图

止盈是整个交易系统非常重要的一个环节，是整个交易系统组成的一部分，如果止盈的方式或方法有大的变动，就会影响整个交易系统中其他因素的变动和调节。止盈的方法有很多，比如固定点位、移动跟踪、趋势反转、回调深度、时间止盈等。我们没有办法预测未来行情，无论用什么办法止盈都不会尽善尽美，最终还是要根据自己的交易系统、交易风格、交易习惯及自身的资金情况来设计自己的止盈方法。

后　记

再次感谢您又看到了最后一页，继 2018 年编写《期货日内短线复利密码》一书、2019 年编写《期货大赛冠军资金翻倍技法》一书后，本书在 2020 年有幸与广大读者见面。笔者通过讲解上百个实例，让广大的期货投资者能在短时间内快速学会分析行情趋势，找到最佳进场时点，让盈利最大化。

本书侧重于介绍期货短线的交易技术，系统地讲解了做期货短线交易应具备的知识、常见的趋势类型，以及如何通过技术分析快速识别趋势的方向，让广大投资者学会建立一套属于自己的交易系统。本书非常适合职业操盘手及打算从事期货短线交易的广大投资者阅读。

笔者与团队成员专注期货交易 20 年，专注于培养职业操盘手。20 年间，笔者及团队先后多次参加全国各类期货实盘大赛，荣获冠军、季军等多种奖项，目前与全国 30 多家私募投资公司、操盘团队建立了长期合作关系，进行资金管理、职业操盘手培养、盘手推介等业务。笔者团队自成立以来，培养了上百名优秀的期货职业操盘手，让许多有交易梦想的散户从此走向了职业操盘手之路，同时也让无数的期货散户摆脱了交易困境。

过往的成绩只能代表过去，目前笔者被《期货日报》聘为全国期货实盘大赛官方金牌导师，以后将为培养出更多的期货实盘大赛冠军、更多的期货职业操盘手，让更多的期货散户走向职业交易之路而努力——"一生做好一件事，此生只为交易而来"。最后希望广大的期货投资者能够在技术上精益求精，只要肯努力，就一定能通过期货交易实现自己的财富梦想。

白云龙

2020 年 10 月 1 日

反侵权盗版声明

电子工业出版社依法对本作品享有专有出版权。任何未经权利人书面许可，复制、销售或通过信息网络传播本作品的行为；歪曲、篡改、剽窃本作品的行为，均违反《中华人民共和国著作权法》，其行为人应承担相应的民事责任和行政责任，构成犯罪的，将被依法追究刑事责任。

为了维护市场秩序，保护权利人的合法权益，我社将依法查处和打击侵权盗版的单位和个人。欢迎社会各界人士积极举报侵权盗版行为，本社将奖励举报有功人员，并保证举报人的信息不被泄露。

举报电话：(010)88254396；(010)88258888

传　　真：(010)88254397

E－mail：dbqq@phei.com.cn

通信地址：北京市万寿路173信箱

　　　　　电子工业出版社总编办公室

邮　　编：100036